大夏书系·全国幼儿教师培训用书

在游戏中成长

幼儿园游戏
创意设计与实施

闫兴芬 / 编著

华东师范大学出版社

全国百佳图书出版单位

·上海·

在游戏中成长

沈唯进

序 一

在游戏中收获幸福

　　游戏是幼儿的天性，是幼儿特有的生活和学习方式，也是幼儿的基本权利。让幼儿在游戏中学习、寓教育于游戏之中，是学前教育区别于中小学教育的重要标志。家长和幼儿园要为幼儿创设安全、空间充足、结构合理、材料丰富的游戏活动环境，确保幼儿每天都有充足的自由游戏时间，鼓励幼儿自主选择游戏内容、伙伴和材料，支持幼儿主动地、创造性地开展游戏，引导幼儿在游戏中学习，在快乐中成长。近年来，我国出台的系列政策文件进一步强调了游戏的重要性，各地认真贯彻落实《3—6岁儿童学习与发展指南》《幼儿园工作规程》的精神，围绕落实"以游戏为基本活动"的要求，开展了全面、持续、深入的实践探索，涌现出了一大批研究游戏的优秀经验和典型案例。其中，以闫兴芬等老师为代表的泰安幼教人通过10年实践与探索，让教师和家长深切感受到了孩子生命的成长，"脸上有笑"了；看见每一个孩子的亮点，"眼里有光"了。教师和家长的成长，转变为真实的教育行为，看见孩子、看懂游戏、支持游戏，让孩子的发展清晰可见，让自己的成长有迹可循，心中满满的幸福感。

孩子幸福得像花儿一样

"只要老师说今天天气好可以出去玩，我心里就像有 1899 个太阳一样，太开心了"，这是游戏前孩子们对游戏的渴望。"我太开心了，我趴在梯子上，就像飞起来一样，一会儿我就变成了一只小鸟，在天上飞呀飞，飞到幼儿园来了"，这是游戏中孩子们积极的情感体验。"我们玩自己想玩的游戏，真的好开心，我们幸福得像花儿一样"，这是游戏之后孩子们的畅快感受与满足。游戏是幼儿的基本活动，孩子在游戏中，按自己的想法去尝试"什么可以滚动"，去探索"陷阱里面有什么"，去认识"原来 10 米这么长"，去发现"我的树叶真漂亮"，去表达"我给小花'盖被子'"，去拯救"冰封下的小鱼"，去发明"河沟里如何踩'雨'"，去关爱"小鸟之死"……孩子们在游戏中不停地忙碌着、付出着、奔跑着、学习着、成长着。

教师的幸福感要溢出来了

"看到了自主游戏后带来的改变，我的儿童观也在悄悄地改变，从心底认同孩子是积极的、主动的、有能力的学习者。职业幸福感满满的！""从原来的害怕户外活动转变为现在的期盼户外游戏，站在一旁观察记录孩子的游戏也是一种享受，孩子们给我们带来了太多的惊喜。""游戏让我们重新找回了职业幸福感，让爱在心里满满当当，慢慢溢出来，幸福慢慢流淌。"这是游戏实践中老师的肺腑之言。在"放手"理念的支持下，当老师积极为孩子们"开疆拓土""挖坑放水"之后，孩子们的表现带给老师满满的幸福与感动。每天老师们发现着儿童的发现，惊讶着儿童的创造与智慧，幸福着儿童的成功与自豪……这种从未有过的感受，让一位年轻老师发出了这样的感慨："一提到上班，至少现在不烦了。"一位即将退休的老师伤感地说："才觉得当幼儿园教师这么幸福，还没享受够，怎么这么快就要退了呢？"一位副园长甚至找园长恳请："园长，您就'放过'我，让我进班吧！"

家长悬着的心终于落地

"听了孩子每天放学回来对游戏的描述，我觉得非常棒！孩子的合作意识增强了，自己解决问题的能力也大大提高！孩子每天都会给我讲她们的游戏，我感觉到了孩子的开心，在孩子的描述中我仿佛回到了我的童年。""孩子回到家后和我俩做游戏，虽然以前也做游戏，但现在明显感觉到小小的他有点理解游戏是什么了，因为他会和爸爸约定规则，还会约定时间，说'我们再玩两个游戏就洗漱'，并且会去遵守，真的看到了孩子的成长。""孩子每天早上都吵着要早点去幼儿园，孩子爱上了幼儿园的游戏。""听惯了负面评价，老师说他有进步，我还有点儿不大相信呢。""从担心、焦虑和不信任，到每天看到孩子游戏回来后的滔滔不绝，再到孩子游戏故事的表征，作为家长的我们，悬着的心终于落地。"这些是家长的切身体会与感受。幼儿园游戏让儿童轻松愉快地学习，健康快乐地成长，这是幼儿园教育的目标，更是家长的热切期盼。幼儿园开展游戏的结果是促进了家长育儿观的改变——认可幼儿园的教育理念，支持幼儿园的教育实践，感受孩子的变化，感谢教师的努力，让家园关系更和谐。

中国教育科学研究院　高丙成

2021 年 10 月 10 日

序 二

践行游戏，支持孩子健康成长

　　"幼儿园以游戏为基本活动"是当前幼教改革的重要任务。从中央文件要求到地方检查验收标准，从城市"高大上"的幼儿园到偏远山区的村办园，从学前教育的理论专家到幼儿园的实践者，无不关注"游戏"的问题。对游戏的研究与实践成为学前教育改革的热点问题，同时也是难点问题。"游戏"这个听起来再熟悉不过的词语，就连三岁幼儿都能描述出对它的理解，但真要在幼儿园的教育教学中落实它，却又是极其艰难的。

　　幼儿园怎样才能落实"以游戏为基本活动"呢？什么样的活动才是幼儿喜欢的活动，提供哪些材料可以支持幼儿活动顺利开展，要满足幼儿自由自主的游戏活动还需要做些什么，应该如何做才能顺应孩子的天性及发展需求等问题，都是困扰幼儿园一线教师的难题。泰安市幼儿园的老师们在大力推进"幼儿园以游戏为基本活动"的过程中也遇到了同样的难题。他们在困难面前没有退缩，在泰安市教科院闫兴芬主任的引领下，齐心协力，不断深入实践探索，边学习边实践，边研究边改进。在这个过程中他们惊喜地发现：游戏带给孩子们太多的开心与快乐，孩子在游戏中展示出的一个个奇思妙想、创造出的一个个奇迹，都让老师感到震惊；孩子们精彩的表现，让老师得以有机会观察到游戏中幼儿的学习与发展；孩子们的变化，深深吸引着家长参与到幼儿园的游戏中来，家长通过游戏活动惊讶地发现了自己的孩子蕴藏的潜能，同时也进一步了解了幼儿园的教育理念与方式，加强了与幼儿园老师间的相互理解，从而使家园关系更加融合。

《在游戏中成长——幼儿园游戏创意设计与实施》一书是泰安市幼教人开展探索"幼儿园以游戏为基本活动"收获的成果。本书记录的是幼儿园的实践探索，分别从幼儿、老师、家长的视角去认识游戏、实践游戏、体验游戏，展示了在亲历实践游戏的过程中，实现他们各自的收获与成长。

在玩中学的幼儿。放手让幼儿自主游戏，是顺应幼儿天性、尊重幼儿选择的教育实践，支持幼儿按照自己的方式和节奏学习与发展。本书运用多个生动有趣的案例，向读者展示了游戏中的幼儿是如何通过自主探索、自主发现实现自我表现与创造、体验快乐与成功的。游戏中幼儿全身心地积极投入、团结一致、努力坚持、手脑并用、互相合作，无不体现出他们主动学习和素养的发展。

体验到幸福感的教师。落实"幼儿园以游戏为基本活动"是对传统教育观念的一次挑战。探索初期教师的困惑是：老师不教，孩子能学会吗？孩子玩游戏，能促进发展吗？延长游戏时间，教学任务怎么完成？孩子从玩中获得的是感受与体验，如何量化评价？没法向家长说明今天学了什么，怎么办？面对这么多的问题，他们还是坚定地认为应该先做起来，只有先做起来，才能清晰地发现问题的症结，找到根源，这样问题才能解决。老师们一边学习，一边"开疆拓土"、整合一日生活时间、投放多种材料，退后观察，渐渐地就有了发现，且颇为震撼，在惊讶孩子们的创意游戏时，反思以前的教学方式是多么禁锢孩子的双手与思维，对过去教过的孩子都有了愧疚之感。"游戏中的教师成长"一章，通过一个个精彩的案例，记录展示了老师在支持幼儿自主游戏的过程中做了什么，做了以后的效果如何，在孩子们身上是如何体现的。教育的终极目标就是促进孩子的成长，教师在支持孩子游戏中不断反思，不断调整自己的行为以更好地服务孩子的学习与发展。如今，教师的行为在悄悄地改变，他们变得越来越懂孩子、爱孩子。教师也越来越被孩子喜欢、家长认可，专业自信、职业幸福感也因这次"游戏化"教学改革而大幅增加。

愉快带娃的家长。孩子进入幼儿园，家长就成了教师最亲密的合作伙伴。教师和家长的身份不同，站的角度不同，对孩子的发展定位也不相同，产生的教育行为也就不同。好的幼儿园教育不仅是面向幼儿的，同时也应该用科学的教育观影响家长。家长走进幼儿园，看到孩子在专注地游戏，努力地坚持，勇敢地挑战自己，表现出超乎家长想象的游戏行为、开心愉悦的情感之后，无不刷新了对自家孩子的认识，惊讶自家孩子的能力。家长接受"放手"的理念，改变了"紧盯防守"的教育方式，将游戏精神融入家庭生活，使得孩子积极主动参与到家庭事务当中。孩子身体强健，生活能力增强，积极主动地交往与学习，都为其顺利进入小学奠定了良好的基础。家长也多了自己的时间，少了闹心事，家庭关系、亲子关系更加密切。

该书是泰安幼教人落实"幼儿园以游戏为基本活动"实践探索的阶段

性成果，是他们探索中的所思所想、所做所得。一个个鲜活的案例描述，就像和智者交流，可以帮助教师学会发现儿童、支持儿童，更好地促进儿童成长。

山东省教育科学研究院　方明

2021 年 9 月

前　言

游戏中的儿童成长

　　"幼儿园以游戏为基本活动"理念的提出，迄今已经有 30 多年的时间，但基层幼儿园在落实这一要求方面，做得不尽如人意。幼儿园应当以游戏为基本活动是强调"游戏在儿童学习和发展中的核心作用"，凸显游戏在幼儿园教育中的位置。游戏是学前儿童最喜欢的活动，也是他们生活的主要形式。对幼儿园的孩子来说，大部分生活是以游戏的形式进行的，游戏也是生活，生活也是游戏，生活与游戏是没有明确界限的。所以，本书所说的游戏既包括幼儿园的专门游戏，也包括儿童在幼儿园、家庭中的相关生活活动。儿童玩游戏时，神情投入专注，状态积极主动，身心轻松愉悦，在玩耍过程中轻松自然地学习与发展，能获得事半功倍的效果。实践验证，在儿童的发展中"游戏和生活具有独特价值"。

在实际工作中，游戏在幼儿园的推广实施并不顺利。由于当今社会生存竞争激烈，家长压力大，对孩子未来的发展期望值也是越来越高，间接地将这种压力转嫁给幼儿园。受社会和传统教育观念的双重影响，加之幼儿园教师专业定力存在一定的不足之处，幼儿园教育活动越来越有小学化的趋势，而这已经严重影响到儿童的身心健康发展。

随着《国务院关于当前发展学前教育的若干意见》（国发〔2010〕41号）的颁布与再次明确要求幼儿园"坚持以游戏为基本活动"，以及《3—6岁儿童学习与发展指南》《幼儿园工作规程》等政策文件相继出台，并且都在强调这一理念，才促使游戏在幼儿园扎实落地并蓬勃开展起来。在具体的实践过程中，我们也遇到了很多的问题和阻力，但是我们没有退却，而是坚持边学习边实践，边研究边改进，孩子们越来越开心快乐，家园关系日趋缓和，教师的职业幸福感、获得感也越来越强。

本书呈现了我们多年的实践、反思与感悟，愿与幼教同行及热爱学前教育的人士分享。在本书编写过程中，得到了一线众多幼儿园教师的支持与帮助，在此一并表示感谢。

目　录

第一章

关于游戏

　　游戏是儿童的天性，是其社会性交往的主要形式，也是社会性发展的重要途径。对年幼的儿童来说，其生理、心理还在不断的成熟过程中。当身体和心理要发展什么的时候，其身体机能就会自动地发挥作用，自发地使用它。他们喜欢奔跑、不好好走路，喜欢上墙爬屋、"搞破坏"，喜欢将蚂蚁、西瓜虫装在衣服口袋带回家等。殊不知，这正是儿童对周围环境积极主动地探索，以满足自己好奇好动等身心发展的需要。我们知道孩子都是喜欢玩耍的，打雪仗、玩泥巴、过家家，看似简单幼稚的游戏，不仅是儿童学习与发展的良机，更蕴藏着教育孩子的大智慧。因此，教师和家长要创设适宜的环境条件，大胆地放手支持儿童的游戏，促进儿童发展。那么，什么样的条件才能满足儿童游戏的需要呢？这要问问孩子们是怎样看待游戏的，成人又是怎样认识游戏的，毕竟成人的游戏观和教育观直接影响着他们的教育行为。实际上卷入游戏中的儿童、教师、家长、专家各有各的说法。

第一节　儿童眼中的游戏

小班儿童	中班儿童	大班儿童
1. 游戏就是和明瑞一起玩。 2. 就是玩游戏呗，能带给我一个爱心。 3. 游戏就是玩娃娃、炒菜、切水果、做蛋糕。 4. 我和妈妈一起拼玩具就是游戏，玩完了还要收拾玩具。 5. 游戏就是跟小朋友快快乐乐地玩，不打架，不争抢。 6. 游戏就是妈妈带我去游乐场玩啦，游戏能让我快乐。 7. 游戏就是别人对我说："你好漂亮啊，可以和我一起玩吗？"	1. 游戏就是好玩的、有趣的、让我们感到快乐的事。 2. 游戏是我愿意玩的，喜欢做的，要大家一起来玩。 3. 游戏是玩手机、游戏机和玩具。 4. 玩跳舞毯，学会了跳舞和辨别前后左右。 5. 我教他画画、唱歌，他教我五子棋。 6. 游戏是我学会了手指操，学会了唱歌。 7. 玩踩红凳子的游戏，让我知道往高处爬不好。 8. 我和爷爷一起玩就是游戏，跟爸爸玩雪也是游戏。 9. 游戏需要很多人一起玩，才好玩。	1. 我跟好朋友一起玩的时候，感觉到了游戏里的乐趣，收获了很多快乐和友谊。 2. 翻杯子、吹泡泡、套圈、贴人、玩轮胎、荡秋千、"挑战小勇士"，都是我喜欢的游戏。 3. 游戏就是一起玩"石头、剪刀、布"，里面有输和赢。 4. 我和妈妈玩游戏的时候，学会了扣纽扣、穿衣服、拉拉链、叠衣服、叠被子。 5. 游戏就是和好朋友一起堆城堡，一起玩沙子。玩的时候不能抢玩具，要合作；不能扬沙子，有危险；做错了，要出局。 6. 一起玩游戏，会收获从来没有得到过的知识。 7. 跟好朋友在一起玩游戏超级高兴，都不想吃饭了。

上面表格中的内容是从参与调研的 487 名幼儿的回答中，归纳梳理出来的典型观点。孩子的回答很可爱、很纯洁，反映了他们游戏时内心真实的感受与体验。从中可以看出，不同年龄段的孩子对游戏的认知有相同点，也有不同点。

一、游戏伙伴

游戏伙伴是儿童游戏活动的重要资源。孩子们的游戏伙伴有"妈妈""爷爷""明瑞""好朋友""很多人"等，是一个个具体的人。从中可以看出，小班、中班儿童比较喜欢和自己的亲人、最熟悉的好朋友一起游戏。由此我们知道，儿童身边的亲人是他们游戏的重要合作者，良好的亲子关系是儿童游戏的重要支撑，能促进儿童带着积极的态度对周围的环境进行探索，主动、乐观、积极地与人交往，这就为他们的社会性交往进一步发展奠定了基础。

大班儿童更喜欢与年龄相仿的同伴玩耍。与同伴交往，年龄相近、兴趣爱好相同、游戏水平能力相当、互相理解对方的意图、支配权平等，没有成人的压力，自有一种自由宽松的氛围。他们可以充分表现自我，发现自我，肯定自我，心理感受积极而愉悦。对儿童来说，这才是真正属于他们的社会与生活。

二、游戏规则

儿童对游戏规则的理解与执行是游戏水平发展的体现。大班儿童已经关注到了"输赢""知识""友谊""挑战""危险""合作""排队"等相关概念，有了一定的规则意识；中班儿童也基本能遵守游戏规则；小班儿童的规则意识最弱，一般在成人的提醒下，也会遵守规则。对规则的遵守是对自我、自由意识的内在约束，包括轮流、谦让、共享、按序、归位等。对待规则的态度本身也体现了自由意志，也就是说，他们对规则是能够理解的，知道规则是为了游戏的需要而产生的，对规则的遵守有利于实现自己的游戏意愿。

游戏规则是对儿童行为的某种限定，这种限定所导致的行为结果有时带来正面影响，有时也会带来负面影响，这就涉及一个游戏规则的合理性问题。检验游戏规则是否合理，就要看这条规则是限制还是帮助儿童实现游戏意愿。游戏中的儿童，为了游戏的顺利进行往往会一起商定游戏规则。自己商定的游戏规则，大家也会自觉遵守，无需外力约束。

三、游戏需求

幼儿期是儿童社会性发展的关键期。在幼儿园，两位老师照顾十几、二十几个孩子，相比家庭两位甚至更多成人照顾一个孩子，儿童自我中心的地位和权利被弱化，儿童也容易由此产生情绪情感压力。而游戏中的肢体动作、言语交流甚至游戏冲突都是帮助儿童释放压力的最好途径。游戏中个人需求被满足，交往需求和方式有机会实现，儿童开始认识自我以外的其他人和事物，实现了跨越式发展。

综上所述，儿童对游戏的认识是自由意志的体现，即"玩什么""怎么玩""与谁一起玩"喜欢由自己决定，寻求的是游戏过程中的快乐，是一种积极的情绪体验，并由此感到愉悦进而产生成功与自信，促进社会性发展。具体分析如下。

1. 儿童游戏观中的社会性描述呈增长趋势

调查结果显示，随着年龄的增长，儿童对游戏的社会性描述有所增加，分别有 21.4% 的小班儿童、46.1% 的中班儿童和 64.3% 的大班儿童用"一起玩""和同学玩""和朋友玩"等语句描述了他们对于游戏的理解。这表明随着年龄的增长与社会交往技能的增加，儿童逐步建立起同伴关系，并在游戏过程中日益深刻地体验到同伴交往带来的乐趣。

美国心理学家帕顿（Parten，1932）按照游戏的社会性将儿童游戏划分为六个类型：无所用心的行为、旁观的行为、单独一人的游戏、平行的游戏、联合的游戏与合作的游戏。进入幼儿园，儿童不再将成人视为唯一的依靠对象，他们开始主动寻求同伴，喜欢与同伴共同参与游戏，幼儿阶段的同伴交往比以前更为密切、频繁和持久，儿童越来越多地参与到社会性程度较高的合作性游戏之中。

2. 儿童游戏观中的情绪、情感成分增加

调查结果显示，随着年龄的增长，儿童对游戏中情感体验的描述成分有所增加。小班、中班儿童倾向于将游戏描述为具体的、外部的活动，如"游戏就是玩娃娃""切水果、做蛋糕""玩跳舞毯"等，而大班儿童则更倾向于从游戏的体验来对游戏进行描述与界定。与小班与中班儿童相比，大班儿童在对游戏的描述中使用了更多的情绪、情感方面的积极词汇，如"开心""乐趣""高兴"，人数比例高达 64.3%。

朱曼殊关于儿童形容词发展的研究表明，4 岁以后是儿童形容词快速发展的时期，形容词的快速发展是儿童对事物性质认识迅速发展的标志。大班儿童游戏观中情绪、情感词汇的增长，一方面是儿童言语发展的结果，另一方面也表明大班阶段的儿童对游戏的情感体验日益深刻。

3. 安全意识与社会规则在儿童游戏观中初见端倪

在调查结果中，小班儿童在对游戏的描述中尚未出现有关安全意识的词汇，而一名中班儿童与两名大班儿童在分享游戏收获中提到了安全问题，如"往高处爬不好""不能扬沙子，有危险"。儿童安全意识的萌发是以认知能力的发展为前提的。同时，儿童安全意识的产生也离不开家长与幼儿园的安全教育。在本研究中，儿童能够在游戏观中表达出对安全的认识与理解表明了在幼儿阶段"寓安全教育于游戏之中"的可行性与实效性，通过怎样的游戏形式、选择怎样的安全教育内容，能够将儿童安全教育效果最大化是值得教育者探究的问题。

对社会规则的认知是儿童社会性发展的一个重要方面，道德规则的习得是研究者们关注的重点之一。在访谈中，有两名大班儿童与一名小班儿童谈到在游戏中收获了某种社会规则，如"不能抢玩具""不争抢"，这表明幼儿对社会规则中的道德规则已经有了初步认识。游戏为儿童提供了社会性发展的机会，是培养儿童道德规则和社会习俗的契机。

第二节　老师心中的游戏

1. 游戏是儿童自己喜欢的、主动进行的、欢乐的活动。孩子们沉浸在游戏里面是没有拘束的。良好的游戏可以为孩子们带来自由自在的心情、快乐的情感，促进孩子们身心健康成长。在游戏中，孩子们愿意模仿身边人的一举一动、一言一行，能够萌发团队合作的意识。孩子们还会通过游戏材料的拼搭、组合，创造出属于自己的东西，表达自己的想象。在这个过程中，孩子们是快乐的、自由的、灵敏的、真实的。

2. 游戏是儿童最喜爱的活动，是他们主动与外部环境相互作用的最重要的方式，是其生活的主要内容和形式。

3. 游戏能够帮助儿童扩展和加深对周围事物的认识，增长知识，促进语言、想象力、思维能力、创造力等各方面的发展。它还为儿童提供了社会性交往的机会，让儿童在游戏中通过社会角色的扮演，展现自己、释放自己，推动自我认知及自信心的发展。因此说，游戏是有利于儿童积极的情绪、情感的培养的，能够促进其健全人格的养成。

4. 游戏是儿童的天性，没有一个孩子不喜欢玩游戏；游戏是儿童的本能，孩子一出生就能够咿咿呀呀地伸出手脚自我游戏；游戏是儿童学习的基本方式，他们通过摸一摸、看一看、试一试、尝一尝等方式，认识周围生活的一花一草、一石一木。因此说，游戏能促进孩子大脑、身高、体重、骨骼等生理发展，也有利于孩子认知的发展；感知觉、注意力、记忆、思维、想象力、语言的发展，为以后的学习成长做准备，并由此过程培养孩子良好的情绪、情感、道德感、理智感和美感。

5. 游戏是可以激发创造性的活动，儿童每天都有新想法，就有不一样的玩法，每一次游戏都是在创新，都是在挖掘自己的潜能。创新的游戏让儿童产生紧张、刺激的情绪，儿童通过操作材料、物品，感受到自己对外界掌控的力量和自信，从成功和创造中获得身心放松、开心愉悦的体验。

6. 游戏是一种幼儿自发、自愿、自主的活动，具有假想的成分，他们能在假想的过程中反映对周围生活和世界的主观认识。他们玩游戏重视的往往是游戏过程，而不是结果，在游戏中伴随的是愉悦的情绪，这对幼儿来说是一种具体而有意义的活动。

7. 游戏就是老师和孩子玩在一起，孩子快乐地玩，尽情享受游戏过程，老师在支持孩子游戏时，也能体验到成就感和自豪感，同时还能收获观察孩子的第一手资料，增加对孩子的游戏水平和能力的了解。

8. 幼儿的学习是在游戏和日常生活中进行的，游戏在幼儿园一日生活中无处不在，比如在集体活动、做操、就餐、午休、如厕时……孩子的学习与发展是可以通过游戏来实现的。

9. 和孩子一起分享我们小时候玩的一些比较传统的游戏，带着孩子一起玩，让孩子也走进我们的童年，和孩子一起享受童年应该有的快乐。

从教师的角度来看，绝大多数教师认识到游戏与儿童发展的关系，理解国家政策文件中的相关要求，并对"幼儿园应当以游戏为基本活动"进行了认真的实践与反思，有了自己的个人认知。

一、游戏是儿童喜欢的活动

游戏是儿童喜欢的、自己发起的、自愿参与的活动，是儿童本能欲望的满足。在游戏中伴随同伴交流、思维表达，儿童产生了愉悦的情绪、成功的体验。他们玩游戏重视的往往是游戏过程，而不是结果，没有任务压力。对幼儿来说，游戏是一种适合他们年龄特点的、轻松而有意义的活动。

二、游戏是儿童的生活活动

游戏在幼儿园一日生活中无处不在，可以这样说，幼儿园一日生活的大部分内容都是以游戏的形式进行的，生活也是游戏，游戏也是生活，比如在集体活动、做操、就餐、午休、如厕时，无一不是以游戏的形式进行的。儿童在生活游戏中与环境互动，与同伴交流、互相模仿，学会自己吃饭、整理餐具、穿脱衣服鞋袜、整理床铺，玩完玩具及时收纳并放回原处，养成良好的生活卫生习惯，提升生活自理能力，建立良好的同伴关系，促进社会交往能力的发展等。

三、游戏可以促进儿童的学习与发展

老师们普遍认为，游戏是儿童的一种重要的学习方式。儿童在游戏中，通过与环境材料的积极互动、直接操作、亲身体验，习得对事物外部属性的经验，通过探究掌握部分事物内部特性，经过对事物内外部属性的信息加工，形成对事物的认识，并在与周围环境作用的过程中反映他们对周围生活和世界的主观认识。儿童在喜欢的游戏中乐此不疲，在反反复复地对材料的把玩中，熟悉操作程序，提升操作技巧与能力，这种技巧与能力反过来又促进儿童创新游戏玩法，在创新中激发潜能，使语言能力、想象力、思维能力、创造力等各方面得以发展，为以后的学习与发展奠定基础。

对幼儿园游戏理念的认知，直接影响着教师的教育行为，有什么样的认知就有什么样的教育行为。在落实"幼儿园以游戏为基本活动"的实践中，正确的游戏观促进教师的积极行为。

第三节　家长眼中的游戏

1.游戏是儿童快乐学习的一种活动形式。儿童在游戏中可以学会模仿，提高语言表达能力；学会遵守规则，约束自己，与他人协作完成任

务；还可以锻炼肢体协调能力、专注力；亦可以增进感情。

2. 游戏就是一个玩的过程，游戏可以让人心情愉悦、直接获得快乐，大人孩子都可以玩游戏。

3. 游戏，教给了孩子生存技能，开发了他们的智力。

4. 对于孩子而言，可以玩的都是游戏。如在家里，打羽毛球是游戏，骑自行车是游戏，玩滑梯是游戏，在院里跑也算是游戏；在幼儿园里，画画、做手工、在操场上跑、骑车子、搭积木都是游戏。对于这个年龄段的孩子来说，游戏能让他学会运动，学会结伴而行，学会团结，学会谦让别人，学会独立。诸如画画和做手工之类的游戏都能让孩子学会一些技能技巧。孩子的记忆力很强，回到家也会时不时地做手工。作为家长，希望孩子开心地游戏，在游戏中快乐成长，同时还能学到知识。

5. 游戏是一种有趣的生活方式。孩子借助各种物品体验自己假想出来的社会活动，探索周围环境，增强观察、适应能力，同时了解生活需要，学会基本的生存技能。

6. 儿童从游戏中可以体会学习的乐趣，懂得互相帮助，团结一致；通过角色扮演能学会换位思考，也能开发自身的思维能力与想象力。

7. 游戏是文化的表现形式，是孩子与孩子之间、孩子与老师之间共同的一项娱乐活动。它可以使孩子懂得社会规则，也能学会同伴之间互相协作。

8. 喜欢游戏是孩子的天性，孩子在轻松的、自由的游戏活动中，很容易发现生活中美的事物，学会用美的语言去描述游戏中的所见所感，有利于养成良好的行为习惯和活泼开朗的性格。

9. 游戏是利用手、脑、足来表达自己的一些想法和认知。通过玩一些简单的游戏，如互动类游戏、社交游戏和运动游戏，孩子们可以学会学习、交朋友、锻炼身体等。

10. 游戏也是家长有效陪伴孩子的一种方式，游戏中的大人和孩子都会玩得很开心。比如，有时候看动画片也是游戏，看完一集大家一起讨论剧情，发表各自的观点，还是挺有意思的。

11. 游戏互动可以使孩子心情放松，可以锻炼孩子的反应能力、专注力、记忆力及语言发展等，比如通过《咏鹅》的手势舞让孩子轻而易举地学会了背《咏鹅》这首古诗。让孩子在玩中获得学习，既不枯燥还提高了学习兴趣。

12. 平时要求孩子去做事他可能会比较抵触，如果说以游戏的形式做事他就比较容易接受了，这也是日常的亲子游戏吧，比如大宝原本不喜欢和二宝一起看书，现在让他当老师他就很乐意去做了。让孩子有更多成就感，他就会变得主动多了。

从家长的角度可以看出，多数家长认可游戏是儿童的天性，促进儿童的学习与发展。但也有不少家长流露出较强的功利性，对游戏的认知和理解存在一些偏差。

一、游戏具有娱乐性

多数家长认为，游戏是儿童发自内心最喜欢的一种活动，游戏互动可以使孩子心情放松、获得快乐。

二、游戏是一种好的学习方式

有家长认为，游戏能够促进儿童做事的积极性、主动性，儿童平时不愿意做的事情，以游戏的方式进行，其就会变得积极主动；游戏中儿童容易记住现实生活中美的事物，养成良好的行为习惯，了解生活需要的基本生存技能，并且学得轻松，记得牢固。

三、游戏能够促进儿童发展

游戏可以开发智力，沟通感情。做游戏能锻炼孩子的动手、动脑能力，能使孩子交到朋友，能使孩子懂得社会规则，也能使孩子学会同伴之间互相协作，逐渐摆脱"自我中心"，促进其社会性发展。

四、游戏是一种亲子交往方式

游戏是一种有效的亲子交往方式，可以解决一些家庭教育中的问题，增进亲子情感。有一位家长谈到，看电视也是游戏，我也曾经发起过这样一个话题——看电视是不是游戏？

老师甲：看电视肯定不是游戏，最多只能称之为一种娱乐方式，最主要的是如果控制不好孩子看电视的时间，将不利于幼儿的身心健康发展。

家长甲：现在诸多商家开发的电子游戏，虽称之为游戏，主要是依据它的娱乐性，站在一种功利性角度去评判它的价值。因为在看电视时孩子都是被动接受的，没有自己的思考，没有与周围世界的互动，得到的也不是一种积极的情感体验，更不能等同于我们平时所言的幼儿游戏。

教师乙：如果扩大游戏的外延范畴，将看电视勉强称之为游戏，那也是一种有害游戏或垃圾游戏，成人更要做好对孩子的引导，让幼儿养成良好的生活习惯。

家长乙：看电视也可算是游戏，可以让孩子适当看有益于儿童发展的电视节目。我认为，内容选择、时间长短需家长和孩子一起商量决定，选择的过程中家长把正确的儿童观、教育观与价值观融入进去，会对儿童有积极影响。

教师丙：感觉儿童看电视也是乐在其中、有积极愉悦情感的获得。但在看电视的过程中，儿童与环境、材料、同伴的互动较少，缺少了操作环节，自主创造和学习品质体现得不明显。

看来，在这个问题上大家是仁者见仁，智者见智的。

第四节　专家这样说游戏

提到游戏，就会想到童年，游戏伴随着童年的生活，并赋予童年以神秘和光彩，同时游戏也随着童年的结束而结束。从这个意义上说，游戏属于童年是因为它与童年的生长有关，儿童的发展在游戏中实现。

——华爱华《幼儿游戏理论》

人类拥有漫长的游戏历史，游戏研究具有多维视野。在社会文化视野下，游戏被看作是一种"社会文化现象"。在儿童发展视野下，游戏被看作是一种发展的"不成熟现象"，是处于发展过程中的儿童所特有的一种行为……学前期是特殊的"游戏期"，古往今来的儿童都着迷于游戏。儿童在游戏中表现出来的全神贯注、想象和创造性等，令古往今来的无数教育家们着迷。游戏代表着儿童的自由、天真、无邪，及自然的天性和潜在的能力。教育学视野下的游戏，则把儿童游戏看作是一种和儿童教育有关的现象。

——刘焱《儿童游戏通论》

福禄贝尔对自发游戏有着近乎神秘的推崇，他强调自由游戏的价值，把自由游戏看作是一种可以刺激语言发展和揭示情感、思维和动作统一性的内在整合机制。

——刘焱《儿童游戏通论》

布鲁纳认为，游戏是儿童社会化的工具，可以帮助儿童掌握社会规则和习俗的本质。儿童可以在游戏中了解角色规则关系、社交技能、适宜的行为方式以及自身的行为对他人的影响等。游戏提供了很多机会，能让儿童自己制定和实施游戏规则，并且由自己来评定游戏是否成功。成人与儿童之间的互动，为间接学习知识创造了"支架"。

——刘焱《儿童游戏通论》

维果斯基认为，游戏是学前儿童发展的主要源泉。游戏创造着儿童的最近发展区，这是因为游戏可以激发儿童的学习，而且能够促使儿童超越现有的发展水平，尤其是当更有经验或知识的他人予以支持的时候。

——刘焱《儿童游戏通论》

安吉游戏的实践认为：游戏一般具有"有没有成人干预""大多发生在户外""自己和伙伴们想怎么玩就怎么玩"等特征。

——程学琴《放手游戏 发现儿童》

经过多年的实践，我们也渐渐感悟到：在幼儿园教育教学实践中，游戏真的既特殊又非常重要。儿童游戏的特点和好处有很多。

实用功能：当教师忙碌时，儿童自己有事可做，和老师互不打扰。

娱乐功能：儿童游戏可以不用教师组织和照看，重要的是儿童可以从正式的上课学习中得以解脱，按自己的兴趣需要玩，玩得开心、快乐，心情放松。

发展功能：儿童在游戏中操作、体验，从身体和心理两方面为正式工作做好准备。

治疗功能：游戏中的儿童比较容易获得积极的情绪、情感，去除恐惧和不安全感，建立自信与归属感。

不论是古今中外的专家对游戏的研究，还是来自游戏实践相关人员的个体经验，都反映出"游戏是一种容易观察，但难于定义的现象"。游戏是一个意义宽广的词汇，包含的活动和行为非常广泛。本书所说的"游戏"就是指有幼儿园孩子参与的、具有游戏基本特征的相关活动，也包括具有游戏特征的儿童生活活动。

第二章

游戏中的儿童成长

　　游戏是儿童的基本活动，是儿童认识世界的基本途径。儿童来到这
个世界，看到周围的一切都是新鲜的、是他所未知的，他对世界上的一
切都充满着好奇。好奇心，是打开世界之门的钥匙，他努力地、积极主
动地去探索这个世界，通过他的手、眼、肢体等，用各种各样的方式去
触摸、认识、了解这个世界。在积极与周围世界互动的过程中，他先是
感受到妈妈的柔美、爸爸的健壮、家庭的温馨，还透过窗户看到了春天
五彩缤纷的烂漫鲜花，听到了夏天脚步急促的风雨雷电，闻到了秋天压
弯枝头的百果飘香，感到了冬天滴水成冰的彻骨奇寒。也正是这一切，
吸引着年幼无知的孩子们走出家门，投入大自然的怀抱，开始大无畏的
探索之旅。他们一会儿拈花，一会儿惹草，一会下河蹚水，一会上树抓
鸟，打雪仗、玩泥巴、过家家……不知不觉间游戏已经开始了，这样的

游戏看似简单、幼稚，其实隐含着无限的学习与发展的机会。他们在拈花时认识了花红柳绿、蜜蜂采蜜，知道了只有授粉的花朵才能结出甜美的果实；在惹草时，发现了忙着搬家的蚂蚁，见证了断成两截的蚯蚓还能成活的神奇；在堆雪人打雪仗时，亲手感受到雪球是怎样慢慢变大的，亲眼见证在阳光的照射下雪孩子是如何融化的。玩泥巴的过程中，了解到水、泥、土之间的关系……因此说，幼儿的游戏中蕴藏着教育孩子的大智慧。

儿童是在游戏中学习与发展的。对于儿童来说，游戏就是工作，就是生活，生活也是游戏；生活、游戏和工作之间是没有界线的。游戏中的儿童，状态是积极的，神情是专注的、放松的、自由的。每一次游戏，他们都是按着自己内心的想法选择场地空间，场地或大或小都是根据游戏的需要来决定的。如果想玩娃娃，就选择一个较为封闭的、小一点的场地；如果想玩大型建构，就选择较为平坦的硬质地面；如果想体验飞流直下、一泻千里的爽快，就选择山坡或者滑索区域；如果有意探索水的流动、冰的形成与厚薄，就去小水渠；如果想感知"一盘散沙"，就到沙池去……在游戏中，他们发现被冰封冻的小鱼，担心小鱼被冻死或者是憋死，不顾天寒地冻，找来工具合力救出小鱼；当知道小鱼可以在冰下深水过冬时，又自觉尝试给花盖一层"冰被子"。在游戏中，他们发现陷阱里小米粒大小的黑色虫子屎，会集体动手测量出"原来10米这么长"。他们会挑战自己，"不站上滚筒誓不罢休"，自觉磨练自己的意志。他们在游戏中投入、专注，与同伴合作，与材料互动，实现梦想，发现未知，体验创造的快乐，享受成功的自豪。每一次新的尝试都是一次深入探索，每一次探索都有新的发现，每一个发现都有新经验的获得，每一次成功都能激发出继续探索的巨大能量。就在这日复一日持续不断的游戏中，孩子们锻炼了身体，增强了体质，学会了交往与合作，丰富了多领域的知识经验，有很多是教学计划之外甚至是教师教不到的。在游戏中幼儿的学习是积极主动的，而且这种学习过程是轻松愉悦的，内容是广泛的，获得的经验是多方面的。

实践证明，幼儿的学习是广义的学习。所谓广义的学习，是指在生活的过程中，通过获得经验而产生的行为或行为潜能的相对持久的行为方式。从前期的调研中我们也了解到，孩子眼中的游戏就是好玩的、有趣的、感到快乐的活动，既包括游戏活动，也包括生活活动。所以沉浸在游戏中的孩子们，不考虑游戏以外的事情，只是在纯粹地"玩"，在玩中追逐自己的兴趣与爱好，实现想象与创造，释放内心的激情与能量，享受游戏带来的开心和快乐。同时，身心各方面得以健康成长。

第一节　自主探索

好奇，是儿童认识世界的最大动力。自主，指自己做主，不受别人支配。心理学中的自主就是遇事有主见，能自己管理自己，能对自己的行为负责。探索，指研究未知事物的精神，或指对事物进行搜查的行为，或指多方寻求答案的过程。对于学前儿童来说，探索是认识周围世界的基本途径。他们对身边事物十分好奇：为什么桌子是方的、碗是圆的？为什么筷子要有两根？天冷了，小河里的水为什么结冰了？被冰封在河下面的小鱼会不会憋死？不管那么多了，赶紧把冰砸开，救小鱼出来吧。小棍子不行，用大棍子；用尽力气也敲不开，什么原因呢？俯下身子，趴在河沿，用手指摁一摁冰，感受一下冰的厚度，再换一个地方试一试，比较一下，哪里的冰薄，就从哪里开始破冰。发现问题，不断地寻找、尝试解决问题的办法，棍子的大小、冰的厚薄、用力的大小，都是影响破冰的因素，孩子们反复观察研究、一次次尝试的过程就是研究探索的过程。被冰封的小鱼一定会冻死或者闷死吗？探究由室外转向室内，由幼儿园延伸至家庭，从线下转到网上，从生活走进书本，由动物转向植物……农民伯伯说冬天给麦苗浇水是为了保暖，尝试一下，给花园里的小花盖一层"冰被子"吧。渐渐地，他们对周围自然环境探究的欲望越来越强烈：一般的树都是先长叶子后开花，玉兰花树为什么先开花后长叶？大人们都说雨滴是从天上往下掉的，可不可以让下面的水往天上掉呢？试一试，怎样才能让小河里的水飞到天上去。用小水盆泼向天空，可以的。借助木板，踩一踩，水珠是否也可能飞上天呢？我们永远也不知道孩子们的小脑袋瓜里到底有多少个"为什么"。

探究，是儿童学习最主要的方式。每一次探究，都会吸引同伴的加入，就像破冰救小鱼，只有一根大棍子两个小朋友都想用，怎么办，他们就协商探索出"轮流"和"一前一后合力"合作模式。游戏的开展，激发了幼儿社会交往的需求。同伴开了个冰激凌店，我也想参加。大班的哥哥姐姐都能站在滚筒上走来走去，还能在上面跳舞，我也想自己站上滚筒。一个滚筒上面能站一个人、两个人，如果把两个滚筒连接在一起是不是就可以站很多人了？洋洋控制的是一个滚筒，我把滚筒连起来就能控制两个滚筒了……儿童内心的兴趣和种种渴望，都促进他们积极主动地去探究。成人要理解幼儿的想法，以多种方式满足幼儿的兴趣，通过场地空间、材料投放、时间保障支持帮助他们去探索、去研究，对周围世界的认识就是通过不断对周围环境的探索来实现的。

案例一
破冰救小鱼 ①

　　户外时间到了，孩子们高兴地跑向水渠。"哎呀，结冰了！""结冰了？我看看。"呼啦啦一群孩子争先恐后地围过来，观察着水渠里的冰。有的孩子还情不自禁地用手去摸摸覆盖在水面上的冰。

　　起初，是妙妙发现水渠里的小鱼被冻在冰层下面的，他对旁边的夏马说："小鱼被冻在冰层下不能呼吸了。"说完妙妙就跑到涂鸦区拿来一根木棍敲击冰面，夏马也找来一根长约 1.5 米的原木（一根圆形原木从中间对半劈开），在妙妙旁边敲击冰面。他们两个人破冰救小鱼的行动吸引了周书睿和子贺。周书睿和妙妙通过协商决定两个人轮换使用木棍敲打冰块。子贺也想打冰块，夏马开始不愿意借给子贺使用原木，两个人争执了一会儿，最终夏马妥协，同意子贺使用他的原木，但不是让子贺单独使用，而是两个人一前一后同时用力进行破冰。

用手指测冰层厚度	用拳头测冰层厚度	合力敲击冰层薄的地方

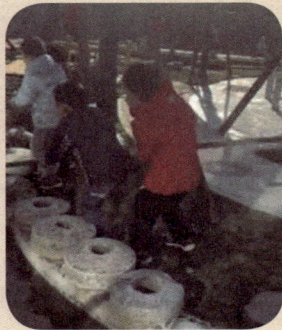

---

① 本书所有游戏活动均有专业安全员负责安全指导与应急救援。下文不再一一标注。

夏马和子贺尝试了 1 分钟左右，把冰面凿开了一个洞。夏马高兴地说："小鱼可以呼吸了。"为了让更多的小鱼呼吸，他们又换了一个位置去敲击冰面，子贺说："我先试试冰的厚度。"他小心翼翼地趴在水渠边上，先用手指敲了敲冰面，又用拳头用力地砸了砸，为了能够顺利地敲开冰面，他还跑到刚才敲开冰面的地方去试了试冰层的厚度。

通过观察和比较，他们决定开始敲击冰面。敲了 1 分钟左右，冰层没有任何动静，子贺说："这儿的冰太厚了，我们换一个薄一些的地方敲吧？"于是两个人又换了一个地方敲打冰面，敲击几次后冰面依然很结实，两个人又回到刚才的地点进行敲击，子贺说："还是刚才那里的冰薄，我们从有裂缝的地方敲。"终于冰层被敲开了一个小洞，子贺在后面一边敲一边说："快！把木头插进水里，我们撬。"由于洞口小，他们并没有撬动。于是两个人用力转动原木用侧边（侧边有尖棱容易敲开裂缝）在洞口周围敲打冰面，看到洞口周围的裂缝变多，他们又把原木伸到水里，尝试用力撬。这次洞口"哗啦"撬开了一片，两个小伙伴惊呼起来，一条小鱼从洞口处游走了，子贺说："快继续敲，让小鱼呼吸。"于是，两个头冒汗珠的小伙伴又继续他们的"破冰救小鱼"行动。

两个小伙伴的行动吸引来了很多小朋友加入"破冰救小鱼"的行动中。回到教室，孩子们都很高兴，他们觉得自己干了一件非常了不起的大事，并将这个过程用游戏故事的形式表征了出来。

在游戏分享环节，陈胤宁说："天冷了小鱼会冻死在水里。"于是孩子们陷入了新问题的讨论中……有的说要将小鱼都捞出来，带回家过冬；有的说在水渠上盖上塑料薄膜或者被子……妙妙站起来说："小鱼是冻不死的，因为冰就有保暖的作用。"妙妙的答案引起了小伙伴们的注意，不服输的陈胤宁说："冰是冷的，怎么可能保暖？"妙妙说："冰是冷的，但是下面的水

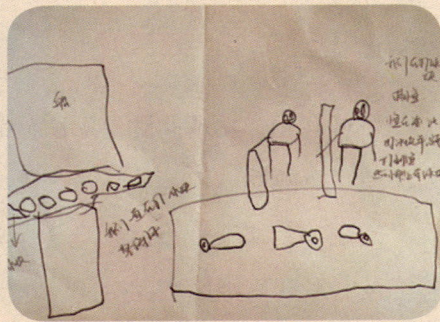

幼儿表征"破冰救小鱼"的故事

不冷，小鱼不会冻死。"妙妙没有用语言解释清楚他心中懵懵知道的知识，这个问题被抛到了老师这里，老师没有立即评价认知观点的对错，而是让孩子们回家和家长一起查阅资料，寻找答案。

第二天孩子们带着查找到的资料回到班级里，三三两两讨论分享着自己收集的内容，最后大家都认可妙妙的说法：小鱼在冰下不会冻死，但是如果水太浅或者水都冻成冰，小鱼就会被冻死。他们还决定每天等太阳出来以后，去小水渠的冰面上撬几个小洞，这样可以让小鱼呼吸到空气。

（山东科技大学幼儿园　于雷平）

┃ 案例分析 ┃

本案例记录的是大班儿童在自然环境中的一次发现，以及由此引发的一系列"破冰救小鱼"的重大行动。对"冰的好奇"和"保护小鱼的生命"是诱发和推动探究游戏的关键。老师的点拨引导，促进幼儿对"冰"和"小鱼生存"进行了深入研究与学习。

一、科学认识

发现问题。发现问题是解决问题的先决条件，为提升解决问题的能力创造了可能性。

问题一："哎呀，结冰了！"大班儿童对自然环境有了密切的关注，并能及时发现周围环境的变化。

问题二："小鱼被冻在冰层下不能呼吸了。"儿童根据已有经验推出"小鱼被冻在冰层下不能呼吸了"，并由此引发了"破冰救小鱼"的活动。

解决问题。解决问题是验证假设的过程，也是提升能力获得经验的过程。

行动一：借助工具。妙妙"拿来一根木棍敲击冰面"，夏马"也找来一根长约 1.5 米的原木，在妙妙旁边敲击冰面"。他们把冰面凿开了一个洞，"小鱼可以呼吸了"，由此带来了成功的体验。为了让更多的小鱼呼吸，他们又换了一个位置去敲击冰面，一次成功体验带来的动力，又推动幼儿进行下一步的探索活动。

行动二：科学施救。"我先试试冰的厚度"，子贺先用手指"敲了敲"，又用拳头用力地"砸了砸"，他还跑到刚才敲开冰面的地方去"试了试"冰层的厚度。通过观察和比较，他们决定开始敲击冰面。子贺能根据冰的厚薄，决定破冰的行动方式和力度，对环境和问题的探索为后面要采取的策略提供了依据，这次的行动更加讲究科学。

认知发展。

一是学会了观察、比较与尝试。当敲了 1 分钟左右，冰层没有任何动静，他们决定"换一个薄一些的地方敲吧""又回到刚才的地点进行敲击"，根据冰的厚薄，选择破冰的行动方式和力度，最终选择了一个有裂缝的地方敲击，两个人终于将冰层敲开了一个小洞。"快！把木头插进水里，我们撬"，并明确说用原木侧边撬（侧边有尖棱），由"敲"到"撬"，足以看出他们能够借助已有生活经验，开展探索活动。当洞口"哗啦"撬开了一片，两个小伙伴惊呼起来，一条小鱼从洞口处游走了，子贺说："快继续敲，让小鱼呼吸。"破冰成功给他们带来了巨大的成就感。

二是能用恰当的词语描述自己的认知经验。"这儿的冰太厚了"，可以看出他们对厚薄的概念有了比较深的认知。这次活动之后，会慢慢地去了解关于"厚与薄"的相关知识。

三是运用讨论及论证。关于"天冷了小鱼会冻死在水里"和"冰有没有保暖作用"的争论，正是儿童之间的认知冲突，老师用"不表态"的态度激发孩子们自己翻阅图书资料、网络查阅、到养殖基地咨询专业人士，获取相关信息，支持、完善或纠正自己的观点。通过交流碰撞，最后大家都认可妙妙的说法。通过区分与特定目的有关或无关的信息的过程，完成了儿童相关的知识重构，促进了分析、概括、抽象思维能力的发展。活动后的表征，进一步完善强化了儿童的思维与想象。

二、社会性发展

交往方式与交往能力。遇到"破冰救小鱼"的重大任务，大家都有参与破冰的强烈愿望，面对破冰工具不足的现实问题，几个小伙伴各自展示出自己的智慧，周书睿和妙妙通过协商决定两个人轮换使用木棍敲打冰块；子贺抢在前面先来破冰，不甘等待的夏马与子贺发生了争抢，争执无果，夏马妥协，同意子贺使用他的原木，不过是两个人一个在前面，一个人在后面同时用力进行破冰，这种合作的方式，让子贺成功参与到游戏当中，并被夏马接受。儿童通过"协商"的策略，决定用"轮换""妥协"和"合作"的方法解决问题。"轮换"在这里是规则，也是合作的一个策略。

自我满足以及自信心增强。他们觉得自己干了一件非常了不起的大事，获得的成功体验和自豪感，不亚于一次拯救地球的感觉。同时还能看出，共同的兴趣爱好以及活动本身的趣味性，吸引儿童加入游戏，在游戏的问题情境中和同伴互动，又推动着游戏向纵深发展，儿童的情绪、情感、同情心、同理心及与人相处的能力，不断被强化、修改、提升、发展，如此循环。

游戏伙伴至关重要。同龄的儿童有着基本相同的兴趣爱好和认知水平，不同的家庭背景又使他们之间有着经验和能力的差异。共同的兴趣爱好，以及活动本身的趣味性，吸引同伴加入。本游戏由水渠结冰引发，一个人的发现，变成了大家的发现；由一个人"破冰救小鱼"的想法，变成了群策群力的集体行动，并由此展开了一段属于他们的游戏故事。在游戏中他们不断发现问题、解决问题、反思调整、实践验证，享受游戏带来的投入与喜悦。他们学会理解对方的意图和意义，如换位思考、移情等，学会理解游戏规则并自觉遵守，学会协商、等待、轮换、分享等，强化并丰富了已有经验，完成了原有知识经验的重构，实现了自我学习与发展。

三、健康发展

关爱生命。儿童都拥有一颗纯真的童心，他们内心、眼里的一切都是那么美好。当他们看到弱小可爱的小动物时，保护欲就会油然而生，他们想要亲近小动物，表现得特别激动和喜欢。儿童往往不惧危险，用真诚的心和小动物交流，和小动物成为好朋友。当看到水渠被冰封，马上想到的是"小鱼被冻在冰层下不能呼吸了""天冷了小鱼会冻死在水里"。

保护自己。活动中儿童面对未知的冰能够做到"小心翼翼"，我们可以看出，面对危险，儿童有保护自己的安全意识、策略方式及基本能力。

身心发展。幼儿阶段是儿童身体发育和机能发展极为迅速的时期，也是形成安全感和乐观态度的重要阶段。本游戏中，孩子们在并不平坦的水渠周围跑来跑去，寻找破冰工具，搬运工具，"用手指敲""用拳头用力地砸""用力转动原木"，以至于忙得头冒汗珠，孩子们并没有觉得累，相反，当洞口"哗啦"一声被撬开，一条小鱼游过来呼吸时，孩子们立刻"惊呼"起来，"破冰成功"和"救出小鱼"的两大成果，让儿童既体验到成功的自豪，又使其自我满足的愉快情绪得以升华。另外，游戏中孩子们积极投入、坚持不懈、执着坚定等优秀品质得到了巩固与发展，身体动作的平衡、大肌肉力量、协调能力得到了锻炼。在较冷的户外环境中连续活动，促进了儿童的体质对外界环境的适应能力。

小贴士

流动水域。河流或与河流连接的湖泊，这样的水面结冰后，冰面下的水还是流动的，所以还是可以为水下生物提供氧气的。而且流动的水也不容易完全结冰，所以流动水域的鱼类不会因为结冰缺氧死亡。

封闭水域。封闭的人工湖或人工鱼塘，不与河流连接，这样的水面结冰后，冰面下的水是不流动的，如果冰层太厚、鱼太多的话，随着水中氧气含量逐渐降低，封闭水域的鱼类会因为缺氧而被憋死。

案例二
连接滚筒

户外活动时，孩子们来到了滚筒区，这是材料调整后他们第一次玩。"哇，快来看，这么多滚筒！"孩子们很兴奋，他们高兴地拍拍这个、摸摸那个，有的围着滚筒转了一大圈，像是在检阅，又像是巡视到底有多少滚筒。不一会儿，大家七手八脚地玩起来。

王龙翼和张炳哲欲将两个粗细不同的滚筒套接在一起。他们先将滚筒口对在了一起，并分别从两端往中间用力推，推了几下，两个滚筒并没有什么变化。张炳哲钻到了粗滚筒里面，抓住细一点的滚筒往里拉，王龙翼在外边推，依然没有成功。

第一次尝试

张炳哲钻了出来，发现粗滚筒离大树旁的座椅很近、有点儿拥挤，于是说："王龙翼，往这儿滚。"他俩把两个滚筒滚到了旁边宽阔的地方。王龙翼蹲在两个滚筒中间观察，张炳哲走到细滚筒另一边，双手抓着细滚筒边缘说："来，抬！"他把这一端抬了起来。王龙翼抱着细滚筒的另一端试了一下，抱不起来。他一只手抓着边缘试图往粗滚筒里推，嘴里发出"嗯嗯"使劲的声音，也没有推动。他又想抱起滚筒往里推，结果两个滚筒反而拉开距离了。

两人左右看看，又慢慢将两个滚筒口调整到一起。王龙翼跪在粗滚筒里边抬起了细滚筒的底端往里拉，张炳哲在外边抬起了细滚筒的另一端往里推，嘴里说着："抬进去，加油。"这次，细滚筒的底部终于进到了粗滚筒里面一点点。一用力，已连接好的那部分脱落了出来。于是，两个人又重复着开始的动作，一里一外，一拉一推，说着"抬，使劲！""啊！进去了。"张炳哲看到两个滚筒间有缝隙了，想调整下缝隙，用力一推，整个细滚筒又出来了。

细滚筒滚到了一边，王龙翼接着把粗滚筒朝着相同方向移动。两人再次从两边开始调整滚筒的方向。

调到一致后，王龙翼又钻到粗滚筒里，张炳哲一推，细滚筒又跑到一边了，王龙翼及时抓住了它。这次，王龙翼两只手没有抓细滚筒的底部，而是反手抓住了细滚筒的两侧，同时张炳哲蹲了下来，配合着王龙翼，先慢慢转动细滚筒，把它的方向调到粗滚筒的中间，然后他俩一起用力，一个抬起往里拉，一个往里推，细滚筒整体进到了粗滚筒里。

张炳哲高兴地欢呼着，跳跃着跑到粗滚筒那里，王龙翼也从粗滚筒里出来了，兴奋地跑到细滚筒那边，边拍手边笑着说："长滚筒，完成了。"

第二次尝试

第三次尝试

第四次尝试

第五次尝试，一拉一推成功连接

第六次尝试，粗细滚筒深度连接

张炳哲炫耀"我们的连接上了"

两个孩子在长滚筒里钻进钻出，爬上爬下，把细滚筒全部推进粗滚筒里，再推出。他们还拿了 4 个轮胎放在长滚筒的两侧。

张炳哲兴奋地站在长滚筒上向小伙伴炫耀："赵振凯，看我们这个吧。"王龙翼也跑过去说："你看，连接的。"赵振凯说："我们也有。"王龙翼说："你们的没连接，我们的连接上了。"这一下，小伙伴们被吸引了过来，他们高兴地玩了起来。

回到教室，孩子们记录游戏反思。在分享环节，老师请王龙翼和张炳哲给大家分享了他们连接滚筒的故事："以前玩滚筒，就是一个一个地滚，今天我们就想把滚筒连在一起玩玩，更刺激。"孩子们都为他们鼓掌，说他们真厉害。他们两个也很自豪，好多同伴都投来羡慕的眼神……

（新泰市实验幼儿园　徐志花 ）

| 案例分析 |

游戏材料是幼儿游戏活动的物质支撑，能激发幼儿的探索与创新。本次探索活动中，王龙翼和张炳哲两位小朋友的创新玩法，凸显了独创性和自主性。连接滚筒的想法，不是一开始就有的，而是在玩的过程中产生的。

一、创新思维的发展

思维独特。引发"连接滚筒"这种想法的，首先是材料本身的刺激——滚筒有粗有细。其次，是对滚筒常规玩法的熟悉，并具有了相关经验，于是就产生了创造一种"不一样的玩法"的愿望。就像王龙翼和张炳哲在游戏反思时所言："以前玩滚筒，就是一个一个地滚，今天我们就想把滚筒连在一起玩玩，更刺激。"

思维流畅。"连接滚筒"的想法从产生到连接成功，经历了多次的尝试和努力。第一次尝试将滚筒口对口，两人从两端往中间用力推，推了几下，两个滚筒并没有什么变化。第二次尝试，采用一人钻到了粗滚筒里面拉，一个人在外边往里推，连接了一点点，在调整过程中又分开了，依然没有成功。在第三次尝试的过程中，滚筒咕噜噜跑出去很远，本想就地连接，发现"此地"靠近大树空间很小，很快决定把滚筒滚到宽阔的地方。第四次仍然用"一人里面拉，一人外边推"的方式，虽然没有成功，但是发现思路是对的，就继续用这个方法，终于连接成功。整个过程也就几分钟时间，他们遇到很多问题，经历多次失败，但都能很快找到新的解决办法，表现出思维活动的极大流畅性和灵活性。

思维的独特性、流畅性和灵活性都是创新思维的主要特征。创新思维贵在创新，就像张炳哲所说："你看，连接的。"赵振凯说："我们也有。"王龙翼说："你们的没连接，我们的连接上了。"连接上的，就是不一样的，就是创新的，这也正是值得两个小朋友自豪的。

二、品质素养的发展

意志品质。多次的努力都以失败告终，但两个孩子并没有气馁，而是信心百倍地坚持，一次次钻进钻出，一次次把逃跑的滚筒"找"回来。在这个过程中，两个人不断地交流想法，观察对方的动作，尝试理解对方的意图，并相互合作，配合对方的要求指令，表现出较强的合作、探索能力。小手被挤压红了、破皮了，都没有妨碍他们将游戏活动进行到底，他们信心百倍地完成了自己的梦想。

学习品质。两个孩子能主动发起活动，有了连接滚筒的愿望后，能按照自己的想法进行尝试探索，有主动解决问题的意识。在每一次连接滚筒的探索过程中，他们通过观察、比较和分析两个滚筒的粗细、空间环境等，不断出主意、想办法。连接过程中一次次地出现问题，他们6次调整滚筒的方向，不断从两人的配合、动作的变化、滚筒的方向等方面主动去尝试解决问题。在一次次的失败和失误中两人不断积累经验，丝毫没有放弃的想法，更没有相互指责，而是不断总结经验，调整解决策略，最终取得了成功。两人能分工协作，遇到困难一起克服，一直在坚持，没有求助，表现出积极主动、认真专注、不怕困难、敢于探究和尝试、乐于想象和创造等良好学习品质。

三、情绪、情感的发展

两个孩子体验到了不断努力探索获得成功的喜悦，并把他们的喜悦和大家分享。他们的自信心和解决问题的能力都得到了切实的提高和发展。"你们的没连接，我们的连接上了。"这一下，小伙伴们被吸引了过来，同伴的加入，让他们在获得自豪感的同时，还发展了积极的情绪、情感。其实，整个活动虽只有短短的几分钟，但蕴含着非常丰富的学习经验，两个孩子在此过程中也得到了很多方面的发展。

案例三
好玩的陷阱

幼儿园的沙池一直是孩子们的最爱，今天用小树枝"种树"，明天把小石头埋到沙池里再去"寻宝"，还经常用模具做"蛋糕"、蒸"馒头"，再就是把挖出的沙子堆成小山，尝试引水上山。总之，每次都是尽心尽力、不辞辛苦、花样翻新地玩着。

今天来到户外，俊俊就忙不停地挖呀挖，当挖出脸盘一般大的坑时，还在继续，转身扔沙子时，发现老师在看他，高兴地说："老师，我们在做陷阱！"

师：什么是陷阱呢？

俊俊：陷阱就是一踩它，就陷进去，猎人就是用它捉小动物的。

师：你是怎么知道的？

俊俊：动画片里呀，挖个洞，铺上树叶，就能捉住小动物。我也要做个陷阱来抓小动物，看谁路过这里掉进去，哈哈哈哈……

玉玉：我也来帮你挖，好不好？

俊俊：你来吧，我们一起做个更大的陷阱。

两个人你一言我一语地说着、挖着。眼看着坑挖得足够大了，俊俊自语道："还需要用哪些材料呢？"

玉玉：什么材料？我去找。

俊俊：就是树叶、树枝什么的。

俊俊转身往植物园跑去，不一会儿在杂草堆里寻找一番，终于找到了些干树枝，连拉带托地弄回来了。

朵朵：你看我又找到了这么多树枝，我们多弄一些树枝吧，这样不容易发现！（朵朵不知什么时候加入进来的。）

玉玉：再加点儿树枝吧，这是秘密，你不可以告诉别人。

俊俊看了看陷阱：这里弄点儿树枝还是树叶？我还是去拿点儿树叶！

俊俊说完开始寻找树叶。朵朵在旁边也找到了树叶拿来给俊俊："给，树叶！"

俊俊：马上就做好了，你再去拿点树叶，不要树枝。

俊俊把枯树枝、树叶、杂草铺在陷阱上面，发现有缝隙之后还小心翼翼地用树叶把缝隙挡住，再轻轻铺了一层沙子，压着树枝和树叶。好不容易把所有的树枝都盖上了，"陷阱"看起来不平，俊俊用小铲子拍了几下，玉玉用手抹了抹，这样就和周围的沙地一样平了。

玉玉来回走了一趟，没掉下去。俊俊表情看起来有些疑惑。

玉玉：不用树叶了，换一种别的东西吧？

朵朵：那找什么东西合适呢？

三个人商量着，然后找来纸和木板，结果纸太软，木板太硬。他们又找来塑料布盖住洞口，塑料布四周用沙子压住，再在上面轻轻地盖上一层沙子。

俊俊露出期盼的眼神，玉玉捂着嘴巴窃喜，朵朵说"我来试一下吧"，一只脚踩上去，整个人直接掉下去。"耶，成功了！"两个人不约而同地高呼起来。再看看陷阱里的朵朵正仰头冲着他俩伸出两根"胜利"的手指。

第二天，户外活动时间一到，他们赶紧跑到沙池里，走近发现陷阱上面有一个个小洞，掉进去的会是谁呢？

天天：洞里面不会有蛇吧？

豆豆：我觉得应该是蚯蚓。

壮壮：不会是知了猴吧！

于是，孩子们取来工具，怀着期待的心情挖开小洞，看看洞里到底有什么？

"老师，你看，原来是西瓜虫！"孩子们高兴地叫起来！

"我看看，我看看！"大家迫不及待地叫嚷起来。

"太小了，我看不见。"

只见玉玉转身离开，一会儿拿着一个放大镜回来：用放大镜看吧。

玉玉：它圆圆的、长长的，身体上有条纹。

果果：西瓜虫有大有小，大的是黑色的，小的是灰色的。

豆豆：西瓜虫有很多很多脚，太细了，我都数不过来。

糖糖：西瓜虫卷起来圆圆的，像西瓜。

天天：西瓜虫有两个触角。

豆豆：看，洞里还有小黑点，是什么呢？

玉玉伸手小心翼翼地捏起几个小黑点，摸一摸，硬硬的；看一看，灰色的、小小的、长长的；闻一闻，臭臭的，原来是西瓜虫的粪便。说着，随手丢掉，另外几个小朋友赶紧捡起来，用力一捏，还能碾碎。

师：为什么叫西瓜虫？

朵朵：它喜欢吃西瓜。

壮壮：它身体会卷起来，像个西瓜。

师：西瓜虫喜欢住在什么地方？

幼儿：潮湿的泥土里、石头下面。

说着就分头去寻找。"我在菜地里找到一个西瓜虫""我在花盆底下找到好几个"，不一会儿功夫，很多小朋友都找到了西瓜虫。原来花盆下面阴暗潮湿的地方都会有西瓜虫。大家把找来的西瓜虫都放进陷阱，又铺上湿土，当作它们的家。

观察了几天，孩子们发现西瓜虫不动了。"是不是我们没有给西瓜虫喂东西吃，西瓜虫饿死了？""西瓜虫喜欢吃什么？""我们还是回去找书吧，看看书上怎么说的。"

（泰安高新区实验幼儿园　张振娟）

Ⅰ 案例分析 Ⅰ

本案例是幼儿园中常见的游戏，沙池中，三个小伙伴结合已有经验，模仿动画片的内容，动手创造出一个"陷阱"，以及由此引出的对西瓜虫的一系列研究。这一游戏拓宽了学习内容，丰富了认知，并激发起幼儿对周围小虫子的探究兴趣。

一、模仿学习与创新实践

模仿是指效仿他人的言行举止。模仿学习是通过效仿他人的言行举止而习得经验，是儿童的一种主要的学习方式，在口语、动作技能及社会性行为的发展中具有重要意义。游戏的主要发起者俊俊，在观看动画片时习得了关于"陷阱"的经验，对此产生了浓厚的兴趣，并在此兴趣的推动下，开始了"好玩的陷阱"的游戏。整个制作陷阱的过程，是在俊俊的指导下进行的。挖坑、寻找树枝和树叶、覆盖洞口、用沙子伪装，进行得很顺利，初尝成功。但经过试验，陷阱陷不下去，他们遭遇了失败。于是他们分析原因，首先从覆盖的材料入手，将比较硬、支撑作用很强的树枝换成了轻薄的塑料布，最后获得成功。从案例中可以看出，他们没有被失败打倒，而是积极观察、分析、思考，用不同于动画片中的材料和方法，创造出了自己的陷阱。

二、科学施工与同伴合作

俊俊开始就很专注地挖"陷阱"，并吸引了同伴玉玉和朵朵陆续加入。他一边挖坑，一边思考下一步需要的材料，和同伴一起找来所需的树枝、树叶，小心翼翼地铺在陷阱口，有一点儿小缝隙还不忘补上，显示出科学严谨、追求完美、精益求精的态度。在"马上"挖好之前就安排下一步工作，制作完成后又找人试了一下，整个过程目标明确，程序完整流畅，显示出很强的逻辑思维能力和领导力。在游戏过程中，三个孩子不断交流，自发地分工和合作，配合默契，已慢慢摆脱独自游戏阶段，开始关注到同伴，有了同伴需求。

三、转换思维与问题解决

在设计、建设陷阱的过程中，他们遇到了一些困难，"没有树枝、树叶"就跑去植物园找，知道在那里能找到自己所需要的材料，说明平时很注意观察自己周围的环境，知道哪里有什么。用了很大劲儿制作出来的陷阱陷不下去，陷阱失败，几个小朋友没有伤心，没有气馁。玉玉说："不用树叶了，换一种别的东西吧？"朵朵说："那找什么东西合适呢？"他们不但没放弃，反而在积极地想办法，在不断尝试更换材料的过程中，积累经验，多次尝试，让"陷阱不陷"的问题最终得以解决，让自己预设的游戏目标终于达成，也让自己获得了满满的自信。

四、投入专注与拓展研究

一连几天的观察，看看到底有谁掉进陷阱，正是这几个孩子做事专注的表现。持续地观察终有所获，封锁严密的陷阱中出现了一个小洞。一个小洞就是一个未知，孩子们在期待与紧张中展开了各自的想象力。蛇，蚯蚓，还是知了猴？当打开陷阱盖子看到是西瓜虫陷进去了，那种开怀大笑让孩子们再次产生"我们挖的陷阱终于有东西被陷进去了"的成就感。很快孩子们的注意力就被陷进去的西瓜虫吸引，从外形到颜色，从长相到大小，从吃的东西到粪便，一一进行讨论、研究。令人惊喜的是孩子们学会了借助放大镜来观察西瓜虫，敏锐地观察出它的外形：圆圆的、长长的，身体上有条纹；西瓜虫有大有小，大的是黑色的，小的是灰色的；有很多很多脚，有两个触角，触角卷起来圆圆的，像西瓜。对西瓜虫粪便的描述用词非常形象又准确，如"硬硬的、灰色的、小小的，长长的、臭臭的、用力一捏，还能碾碎"，采用了看一看、摸一摸、闻一闻的方法，探究出那应该是西瓜虫的"粪便"，小如针尖的粪便被孩子们描述得这么精彩细致。其实，如果真是西瓜虫的粪便，臭也闻不到，这里"臭臭的"应该是孩子们已有经验的迁移。无论如何，孩子们进一步丰富了对西瓜虫的认知，强化了对"粪便"味道的认知。另外可以看出，这样生动又有趣的活动，孩子有很多惊喜的发现和感触急于交流、表达。《3—6岁儿童学习与发展指南》中指出："幼儿的语言能力是在交流和运用的过程中发展起来的……为幼儿创设自由、宽松的语言交往环境，鼓励和支持幼儿与成人、同伴交流，让幼儿想说、敢说、喜欢说并能得到积极回应。"幼儿在运用语言进行交流的同时，也在发展着人际交往能力、理解他人和判断交往情境的能力、组织自己思想的能力。通过语言获取信息，幼儿的学习逐步超越个体的直接感知。在游戏现场表达不完的内心，回到室内，再拿起画笔和纸继续交流，这样的交流会更完整、更深入。

　　此次活动是孩子自发、自选的活动，在老师留给他们充分的自主活动空间里，自由自主地实践着自己的理想目标，在沙池里合伙挖陷阱，学习用放大镜观察西瓜虫，在游戏中轻松、快乐地用自己的方式学习与发展。

案例四
踩"雨"

　　在水渠活动区，特特跪着，双手一边按压一边往前推木板，向水渠对面的然然喊道："你往上抬一下。"然然下蹲，伸出双手抓住木板向上一拉，把木板放到了石沿上，变成了桥。

小路从水渠里走过来，他弯腰看了看木板和水面的距离。特特压着木板笑着对小路说："小路，请你从底下弯下腰。"这时小路抬起右脚跨过木板，整个身体也跨过了木板。

特特收起笑，直起身，拿着棍子看着小路过去了。

特特把装有篮球的轮胎推着滚上木板的一端，然然在对面看到后，一拍手喊道："哎呀我的天，别呀。"特特右手扶着轮胎，左手指着然然说："咱们把轮胎滚来滚去，我给你，然后你再给我。"然然抬起双手伸直了胳膊晃着"别别别"，然后转身离开走到 3 米外。

特特笑着喊"来呀，来呀"，紧接着双手一推，轮胎在木板上滚向对面。然然看着滚来的轮胎，快走着回来伸出双手接住了滚到头的轮胎，然后将轮胎慢慢歪倒。特特看着他说："你这样，它会掉到水里的。"然然用

力将歪倒的轮胎拉起来搬到远一点的地方，放倒，又捡起篮球扔到远一点的地方。然后对特特说："你把那个木板给我。"

特特双手抓住木板两侧，抬起来放到左胳膊上，然后双手又抓着木板调整它的方向，当木板由东西向转为南北向的时候，他扔下木板，然后双手抓住木板一端，另一端便扎进水里。特特往前推木板，然然蹲下伸出双手准备捞，特特看着然然的手，把木板拉回来一部分后一扔，抬起右脚半踩在翘起的木板一端。木板动了一下，他向后退了一步，又向前将整个脚踩在木板上，木板另一端翘起又落下。他连续踩木板，木板落下拍在水面上，拍出水花，水花溅在然然身上，然然眯着眼睛起身后退。

特特继续用力连续踩，木板另一端连续拍出水花。他两只脚都站在木板上，连续跳了几下，木板另一端在空中上下晃动两次后重重落入水里，拍出更多水花。然然"哎哟"一声退到更远处了。大宝在然然旁边看着笑得很大声，然后他俩朝特特那头跑去。

特特继续用双脚跳上木板，又跳下来。木板的另一端落在水面，拍出水花。

木板一半浮在水里，特特双脚同时用力跳上木板，水里的木板翘起来掀起又高又多的水花。特特看着水花，拍着手笑起来，再次双脚用力跳上

木板又跳下来，木板另一端掀起同样高的水花。胡浩轩走过来，特特给胡浩轩说了一下玩法，胡浩轩双脚一跳，木板另一端掀起不高的水花。特特推开胡浩轩，双膝弯曲，用力一跳，掀起的水花变大了。他后退，胡浩轩再来，用力一跳，水花比上一次变高变多了。特特喊道"看我"，往后退了两步，用力一跳，木板拍起水花，但是不高，他又跳了一次，还是不高。

特特把另一块搭桥的木板也拉到水里，并把两块木板对齐，然后双脚同时跳起，一脚踩在一块木板上，两块木板另一端轻轻翘起一点，又落下，

打出不太高的水花。他的身体向后微仰了一下，再次两脚跳上木板，然后用脚轮流用力踩两块木板，木板另一端轮流打出小水花，同时木板晃动着交叉在一起。他跳下来，把木板分开，又跳上去，并在上面连续跳了三下，木板打出更少的水花。

然然过来，用左脚踩在了一块木板上，并上下连续踩。特特双脚跳在另一块木板上，木板另一端翘起打在了对面的石头上。特特拉出一截木板，双脚同时跳上去，掀起又高又多的水花。大宝推开然然，双脚跳上木板，对面掀起比较多的水花，他笑了。特特同时跳上木板，另一端同时掀起水花。站在一旁的然然和胡浩轩往前挤来，特特和大宝让出了位置。特特在一边喊："321，go！"然然自己单脚压木板，胡浩轩双脚跳了一下，特特说"水花太小了"。

然然用左脚连续踩木板，每次另一端打出来的水花不一样大。特特把木板往外拉出一些，双脚用力跳上去，木板落下时弹跳了几下。他把木板继续往外拉出一半，木板翘起比较高，他用一只脚踩了两下，另一头掀起几滴水花。他把木板往里推了一下双脚一跳，掀起很高的水花。再把木板往里推，一半的木板在水里，用力一跳，木板掀起一片水花，但是不高。他把木板往外拉，让木板浮在水面上，用力一跳，掀起很高的水花。他跳一次调整一次，当木板的三分之一在外面的时候，打出的水花又高又多。

特特拿来篮球，放在木板上，篮球往前滚，他用力一跳，篮球在木板翘起前落水了。

他拿起旁边的管子按压木板，继续用双脚跳，跳完再把木板拉到能掀起最高水花的位置。

特特在游戏结束后说："我和刘然然把木板放在桥边，用脚踩，碰不到水，然后就往前推一点，再踩就有很多'雨点'，我们用轮胎搭了机关，然后就能踩出更多的'雨'来。"

（山东科技大学幼儿园　程美　张海红）

▎ 案例分析 ▎

游戏中特特和然然刚开始玩搭桥的游戏，然后开始在桥上设置"机关"滚轮胎。因为然然"胆小"不愿意与他合作，特特就玩起了踩木板。在踩木板的时候发现可以踩出很多"雨点"这个现象，进而开始了探究踩出"大雨"的问题。

一、探究兴趣浓厚

在整个游戏中，特特和朋友们从搭桥到滚轮胎到踩木板拍水花，变着花样探究不同物体之间的关系，并且始终保持着很高的兴趣。当特特双脚跳下，掀起很高的水花时，他很开心，那是他探索和发现自己可以踩出"雨点"时的喜悦与成就感的体现。而这也激发了他和小伙伴接下来持续探究的欲望。

二、探究能力提升

在整个探究过程中，特特不断调整木板探出水渠边的长度，用不同力度和方法踩木板，用木板撬不同的物体，篮球、深水、浅水，表现出较强的发散性思维能力和持续探究能力。特特从刚开始单脚随机踩木板拍出水花，到双脚跳木板掀起大水花，再到双脚轮流踩木板掀起水花，从一块木板到两块木板，从一个人跳到两个人同时跳，从木板深入水中到木板浮在水面，从踩板翘水到踩板翘篮球，从用脚踩板到用管子压板，期间调整以石沿为支点的两边木板的长度，来探索踩木板和水花多少高矮之间的关系。整个过程中幼儿用到了观察比较、实验验证等科学探究方法。

三、经验获得与多方面发展

物理学经验。多名幼儿在游戏中获得关于浮力、阻力和杠杆的直接经验，不断提出问题，怎样玩更有趣，怎样玩"雨"更大。他们在观察探索之后，思考解决的方法，并用实际操作进行验证，从而得出"踩雨"更好玩，明白了踩木板的力度和木板的长度与水花大小之间的关系。这实际上也是探究发现杠杆原理的一个完整过程。他通过改变施力点的重量，改变施力点和支点之间的距离，改变木板在水里不同的深度来改变因此产生的不同的阻力，从而找到一个最省力气掀起最高水花的办法，获得了用距离换力的丰富感性经验，发展了形象思维。

自我认知能力发展。在整个探究过程中，特特在"小雨""大雨"之间，不断探究，反思自己的玩法。从掀起水花，到尝试掀起篮球，是他在进行经验的迁移，尽管失败了，但是因为锲而不舍地尝试，也获得了新的经验，表现出良好的学习品质。他在游戏中通过直接感知、亲身体验、实际操作，不断重复地跳木板，自发去探究，从而获得了"小步递进"的自我认知和能力的发展。

身体动作的发展。然然在游戏中始终用单脚踩木板，表现出他身体的力量、协调性和平衡能力不是很好，但是这也说明他有很好的自我保护意识。在轮胎滚来时，他依然折返接住轮胎，说明他有很好的合作意识和能力。在探究过程中，然然主动尝试，单脚踩板时也很专注，有一定的坚持性。当然，然然与特特两个人表现出了不同的探究起点，存在明显的个体差异，但参与游戏的幼儿的身体动作都获得了发展。踩、跳木板的过程，不仅需要用到下肢部位的力量，而且在两个人同时起跳时，需要他们快速调整自己的身体姿势和位置，显示了他们身体良好的协调性和灵敏性。

社会性发展。幼儿在游戏中，有新朋友加入时，主动介绍玩法，大家轮流玩，还有倒计时同时跳的规则出现，说明大家的合作意识与能力非常强。然然能够倾听特特的游戏玩法，并及时接住滚来的篮球，敢于接受挑战。

第二节　自主表现

儿童的表现，是其已有经验在日常生活和游戏中显现出来的态度、言语和行为方式，有时是对同伴或一种新奇事物的模仿，有时是一种情境表达，有时是一种想象思维的外化。这个过程使儿童的经验和感受得到整理，创造性思维和各种表现技能得以发展。儿童的表现是一种自然且真实的状态，既反映出其当前的身心发展水平，也表达或显露出其当下的兴趣与学习需求。老师、家长能及时地组织与引导幼儿进行相关活动，满足即时的需求，就能够帮助、支持幼儿开展相应的学习活动，丰富、深化相关经验。如一个两岁的宝宝坐在沙发里，被爷爷拉二胡的情景吸引，全神贯注地欣赏着，不由自主地将两只小手的食指交叉在一起来回拉动。站在一边的爸爸立刻捕捉到宝宝的这一表现，并且看懂了宝宝动作里显露出来的需求，不动声色地递上两根筷子。宝宝接过筷子继续模仿爷爷拉二胡的动作，并没有意识到爸爸的存在，完全沉浸在欣赏、学习、表演的情境里，神情更加投入，动作幅度明显加大，脸上的表情时而紧张、时而凝重、时而开心。显然，他很满足，也很享受这个模仿学习的过程，以至于在以后的几天时间里，他随时随地拿着筷子、玩具进行表演，嘴巴里还咿咿呀呀地模仿二胡的声音。比起现场学习，他不仅扩展了表现的内容，还创造性地学会了以物代物，得到的锻炼、收获的经验也越来越多。反思这个过程，爸爸没有说一句话，只有"递筷子"一个举动，就支持了宝宝现场学习的需求，而且引发了后续的学习与表现。

儿童的表现也是一种学的方式。幼儿园的小朋友，每个人的经历不同、经验不同，但这些经历、经验都是大的资源库。亲切的老师、丰富的环境、多变的玩具都会激发幼儿的言语和行为表现，幼儿的表现也会随着情境的变化和同伴的互动不断调整。游戏中，遇到游戏出现问题不能得以继续时，他们就会自觉地调整思路或玩法，可能调整人数或材料，还有可能调整空间和时间。也许，很多方面都需要调整。这个调整，有的幼儿能够自己解决，有的需要教师的支持和帮助。每次调整，都是对幼儿思维能力的一次挑战，幼儿需要对问题产生的情境、现象进行观察与分析，研究、判断问题产生的原因，并尝试找到解决问题的路径。在这个过程中，幼儿既要与同伴交流协商，还要与环境互动。幼儿就在这不停循环往复地同化和顺应过程中获得经验，习得能力，越来越能够"自尊、自信、自主"。

元旦过后，表演区突然热闹起来，很多孩子喜欢在这里非常认真地装扮自己，然后像模像样地在舞台上进行表演。特别是前几天，杨筱璐、张娅童、李语晴参加了"新泰市教师礼仪大赛"的助演活动，回到园里以后，就更喜欢表演区了。

1月6日早上入园后，杨筱璐、张娅童、李语晴就商量着今天的演出，并做好计划来到了表演区。

杨筱璐拿着计划表跟大家说："第一个先找裙子。"张娅童找到一条黑色的裙子，筱璐说："不要这条黑色的裙子，还是先找扇子吧。"一副大导演的派头。在她的指挥下，张娅童找来了乐器鼓，徐蔚然找来了手鼓、头饰等道具，并各自装扮好。"我来帮你穿。"杨筱璐对阳阳说。阳阳拿向日葵花当裙子，奈何口太小了怎么也提上不来，筱璐费力地帮她提也只能提到屁股下面，嘴里还说："裙子太小了，可是我帮你穿上了，我厉害吧！"演出终于开始了，大家自由演唱了学过的《小老鼠打电话》《小白船》《闹花灯》等几首歌。

她们的歌声吸引了魏泽茹、崔立知两位小朋友前来围观。筱璐及时发现了她们并说："你们坐在小椅子上做观众吧。"转身对小演员们说："我们现在有观众了，大家转过来，都要朝前看。"大家迅速调整方向，面向观众，继续表演。

几首歌曲表演过后，筱璐邀请两位小观众加入了表演，说："我们一起表演吧，谁想参加乐器队请举手。"张娅童、徐蔚然立即举手。"好，你们就参加乐器队，你们的速度快慢要和歌声一致，剩下的参加唱歌队，我来当指挥，记住你们的速度快慢还要看我，我快你们就快，我慢你们就慢，记住了吗？"她又补充道："第一遍乐器演奏，第二遍演唱。"

　　分享时，老师问："我看你们玩得很开心，玩了什么啊？"杨筱璐说："我们组建了合唱队。"魏泽茹开心地说："杨筱璐还让我加入了合唱。"徐蔚然说："对，我是拍手鼓的。"说完，对着周围同学笑了笑。老师也为她们竖起大拇指，又问道："你们对今天的表演过程都很满意吗？有没有感觉哪里不满意呢？"张娅童说："魏泽茹、崔立知加入后，我们人数就多了，在后面打鼓觉得太挤了。""那这个问题怎么解决？"杨筱璐回答："我们可以去榻榻米上表演呀！"谭俊雅说："对，就像在真正的大舞台上表演一样，我和老师的表演就是在大舞台上。"张娅童说："我也在大舞台上表演

弹琴。"大家都争先恐后地说:"我也去过。"然后分享着在大舞台上表演的场景。杨筱璐突然问:"我们可以用塑料积木搭个大舞台吗?""只要你们愿意,就没有问题。"几个小朋友高兴地跳了起来。

　　1月7日,搭建大舞台。入园后,她们几个就开始七手八脚把积木运到床上,先占满了四周,又在中间位置间隔出舞台和观众席。杨筱璐说:"我和李语晴、魏泽茹先当观众,你们试试去表演吧。"谭俊雅说:"我觉得我们的舞台太大了。"魏泽茹说:"我们光想着舞台要大一点,就搭了个这么大的舞台。"杨筱璐想了想说:"我们明天把舞台搭得小一点,剩下的积木再做个背景吧。"张娅童说:"我们把舞台搭在床边上吧,观众坐在床下边看。"

　　1月8日,继续整改舞台。小朋友借鉴本幼儿园元旦晚会的经验——"舞台背景要漂亮""老师们都是笑着唱歌的""她们表演时把手放到前面,

站得整齐""老师们都有上场下场的地方，一点儿也不乱"。我们也来试试吧。

1月15日，杨筱璐感冒请假，而且放寒假前都不能来了。其他几个小朋友表演过三个节目后，就在床上跑来跑去，玩其他游戏了。第二天孩子们来园，看到没有布置舞台，拿着裙子在床上玩起了过家家的游戏。老师过来问："你们怎么不表演了？"魏泽茹说："我们不想表演了。""哦，幼儿园还计划举行一场'春节联欢晚会'呢。"谭俊雅说："就像我们上次看的'元旦晚会'一样吗？""可以在大舞台上表演吗？""我们还是和大三班的小朋友一起参加吗？""谁像高老师一样做主持？""你们想表演什么？我记下来。""我们怎么表演呢？"

1月20日，孩子们继续排练，谭俊雅指挥大家搭好舞台，穿好演出服，请小观众们坐了三排，演出要开始了。整台演出主持人报节目，演员上台表演，队伍整齐，声音洪亮，表演投入，表情丰富，最后鞠躬谢幕。每个节目衔接顺畅，主持人宣布演出结束，小观众们意犹未尽，于是主持人邀请小观众们一起表演，演出在一曲《大王叫我来巡山》的全员合唱中圆满完成。

（新泰市实验幼儿园　陈晓）

┃ 案例分析 ┃

一、主体性发展

从游戏中可以看出，从演出内容的一变再变直至越来越丰富，对舞台的改善扩建，演出形式、服装搭配、乐器使用等都是幼儿自己商定、独立完成的。最初的表演区较为窄小，不能满足表演需求，大家商量搬到宽敞的榻榻米上，并得到老师的支持。榻榻米又太大，于是他们再次商定把舞台搭建到床边，观众可以坐在床下边观看，这样就更有了舞台的效果，表现出非凡的创造能力。随着经验的丰富，孩子们渴望更大、更真实的舞台，老师抛出"举行一场'春节联欢晚会'"的信息，成为她们持续游戏的动力。于是，选定主持人、制作节目单、反复排练、彩排，演出结束观众意犹未尽，加演了大合唱，积极昂扬的情绪达到了高峰。

案例中，孩子们表现出来的自主、独立和创造性都是主体性的表现。埃里克森的研究结论告诉我们，2—6岁是发展儿童的自主性和主动性的重要时期。教师创设的适宜环境，真正地促进了幼儿的主体性发展。

二、社会性发展

在游戏中，"能主动发起活动或在活动中出主意、想办法"是大班幼儿社会性发展的典型性表现。正是自主游戏活动给了筱璐与同伴互动、交往、交流、展示的机会，同伴的互动反过来促进筱璐游戏能力和水平的提升，促使她"在现有成功的基础上还会想做得更好"。兴趣是最好的老师，整个游戏在幼儿的自由自主中进行，每个环节衔接自然流畅，根据计划选材、自娱自乐、组建合唱队、面对观众表演。幼儿有着共同的爱好，游戏目的性强，其间出现了服装不合适、服装数量不充足、拥挤等小因素的干扰，但是这些丝毫没有影响幼儿游戏的热情，在兴趣的支持下她们的游戏不断地丰富和提升，可见游戏只要建立在幼儿的兴趣点上，教师为幼儿提供充足的时间、空间，就会形成强大的内驱力，促使幼儿积极地开动脑筋，主动利用身边的材料解决遇到的问题。整个游戏过程中，幼儿愉快地与同伴协商、分工、配合，在大家的积极互动中体验到了表演的乐趣。她们能想办法吸引同伴和自己一起游戏，当有同伴前来围观时，筱璐及时发现了她们并说："你们坐在小椅子上做观众吧。"显然，对于观众的到来非常欢迎，有高兴的或有趣的事愿意与大家分享。

三、个性发展

在这个游戏中，有一位小朋友的表现特别突出，那就是杨筱璐。"裙子太小了，可是我帮你穿上了，我厉害吧！"这一句话，表现出极高的自我认知和自信心，关注别人的情绪和需要，能给予力所能及的帮助，并特别享受和好朋友一起玩的快乐。有了观众，似乎"演出"的元素更加丰富，也更激起了她们的表演欲望。筱璐转身对小演员们说："我们现在有观众了，大家转过来，都要朝前看。"表演有了方向，有了舞台感。新问题的出现，激发了杨筱璐开动脑筋解决问题，大家迅速调整方向，面向观众，继续表演。能发起游戏、组织活动、自主表现、遇到问题及时变通灵活应对，是杨筱璐个性和能力水平的表现。

四、语言能力的发展

本案例是多人参与的游戏，游戏中的的每一项内容、每一次改变，都是大家一起商量的结果，解决新问题的策略，也是你一言我一语讨论出来的。不论是与教师还是和同伴的交流都是积极的、自由的，谁有新的疑问和想法都可以随时表达，并能到得同伴的积极回应，幼儿的语言能力也就在这交流和运用的过程中得以发展。

五、自主学习能力的发展

已有经验的运用是幼儿开展游戏的基础和诱因，运用已有经验的过程就是幼儿学习的过程。在观看元旦演出的过程中，幼儿关注到了舞台设计、演员表演技巧、主持人设置等；为教师助演的幼儿观察到"老师们都是笑着唱歌的""她们表演时把手放到前面，站得整齐""老师们都有上场下场的地方，一点儿也不乱"，随后就把这些经验运用到自己的表演中，对舞台进行了完善，孩子们进行了更深入的学习，表现出了很强的模仿能力和学习能力。"你们的速度快慢要和歌声一致，剩下的参加唱歌队，我来当指挥，记住你们的速度快慢还要看我，我快你们就快，我慢你们就慢，记住了吗？"随后又补充道："第一遍乐器演奏，第二遍演唱。"从中看出，她还有相当丰富的"音乐会及乐队演奏经验"，并能够把这些经验迁移到游戏中。

案例二
心中的城市

游戏情境一：幼儿园的大门

户外活动开始了，积木区里一个个小身影忙碌地穿来穿去，每个人都在按照自己的计划实施着自己的工程。赵钰莹、孟玥桐和梁语涵三个人的搭建格外引人注目，只见她们用圆柱体立起了两个柱子，在柱子上又横上了一块长木板。她们准备搭建幼儿园的大门。

"我来试试"，说着梁语涵弯着腰去钻，结果大门"稀里哗啦"倒掉

了。赵钰莹说："这个门太矮了，把门加高就可以了。"孟玥桐说："还要加宽。"

第一次改建，随手搭建。用相同高度、相同粗细的圆柱体搭建门柱，且不断垒高。垒完发现，还是不合适。为什么呢？梁语涵若有所思："因为我们这次还是没有测量小朋友身体的高度和宽度。"

第二次改建，增加参照物。赵钰莹站在门的附近，梁语涵和孟玥桐看着她来搭门柱，直到高度和宽度让小朋友能顺利通过。一个小朋友经过，"哗啦"一声刚刚搭好的大门瞬间倒塌。大家发现，两边门柱用的积木数量不一样（一边是两块长的，一边是一长两短）。

第三次改建，设计图纸，严格施工。梁语涵说今天按设计图来搭，吉瑞说："昨天可能是没有对齐才倒的。"赵钰莹去搬相同大小的积木，梁语涵赶紧又检查了积木有没有对齐，然后还坐上去试试、反复穿过大

门以确认稳定性。搭好大门，她们又在两侧添加了侧门。

游戏情境二：幼儿园周围的建筑

有了这次成功，孩子们搭建的兴趣越来越浓，接下来的几天孩子们忙碌着，在搭建幼儿园的大门之外，又搭建了幼儿园的教学楼、幼儿园附近的罗马广场及东城田园社区，大家像小蚂蚁一样来来回回不知疲倦，想着把自己居住的城市都搭建出来，此时，"美丽家乡新泰"的图景已经映在孩子们的心中。

游戏情境三：继续完善，搭建完成

经过两周的搭建，孩子们心里印象深刻的新泰市的各种地标建筑，也从心中移到了幼儿园的积木区。他们搭建的整个城市越来越丰满，越来越美丽，最终完整复现了心中的新泰。

（新泰市实验幼儿园　冀筱斐）

▎ 案例分析 ▎

一、观察能力

孩子们的搭建内容，从最熟悉的幼儿园大门开始，逐渐延伸到幼儿园的教学楼，再到附近的罗马广场、东城田园社区，由近及远，这都是孩子们生活中常见的物象，只是熟悉程度不同。不太熟悉的，他们就一次次地去实地察看，让自己想要表现的建筑变得更为熟悉、印象深刻。他们对周围环境也更为熟悉起来。"有初步的艺术表现与创造能力"是大班幼儿艺术发展的目标，观察丰富了生活经验、积累了很多表象，这都是幼儿自主表现的基础，让幼儿有东西可以表现、会表现。同时，整个过程中幼儿的观察能力、比较能力、变现能力都在不断地提升。另外，通过这个活动，孩子们还交到了新朋友、找到了亲戚的家，更重要的是通过这些活动，养成了观察周围环境的习惯。

二、科学施策

第一次搭建幼儿园大门，太矮，小朋友不能通过。第二次搭建时，就让一个小朋友站在旁边做参照，这是一个非常明智的举措。因为第二次搭建的大门不稳固，就观察发现问题所在，即"两边门柱用的积木数量不一样"。在第三次搭建之前就先设计图纸，并严格按图纸施工，避免出现之前的问题。在搭建幼儿园周围的建筑、新泰市的地标建筑时，他们反反复复进行了实地察看，表现出严谨的科学态度和尊重事实的科学精神。

三、同伴关系

在活动中，赵钰莹、梁语涵等小朋友能够将现实生活中的所见搭建出来，将生活中的经验，通过双手一一表现出来，获得了观察、比较、审美、构建等相关经验。同时，她们的综合表现能力也大幅提升。在遇到困难的时候，她们多次尝试解决问题，以你拿积木我来搭建、你来搭建我来测试的方式实现同伴之间的合作，也让搭建得以顺利进行。同时，在友好的同伴关系和亲社会行为方面获得了发展和进步。

四、学习品质

从活动中看出，每个孩子都积极地投入到活动中，按照自己的想法实施计划，专注于搭建，能够将之前积累的平铺、围合、架空、垒高等技能运用在搭建的过程中。遇到问题时，做到细心观察，认真分析，找出问题所在。随着游戏的不断深入，他们对积木的形状和特点也了解得越来越清楚，搭建水平不断提高。在整个过程中，他们不怕失败、不怕困难、分工明确、积极动脑、团结协作，在大家的共同努力下，"心中的城市"逐渐从心中走向现实，"美丽家乡新泰"的景象和谐自然地呈现在大家面前。

案例三
紫玉的花墙

户外活动时间，紫玉快步来到建构区，先用小推车推来了一些长木板和木墩，将木墩两个两个的面对面摆成了两排，又将长木板搭在上面。錾广又运来了一些正方形和长方形的积木，跟紫玉一起合作开始了花墙的搭建，然后一层一层地进行垒高。

第一次遇到困难。搭到第6层的时候，再往上面搭就够不到了。錾广说："如果有个高的东西踩着上去，就能够着了。"紫玉说："踩着梯子上去就能够着了。"于是就去综合搭建区借来了梯子！

梯子借来之后，錾广爬上椅子继续往上搭，但是梯子有一点儿不稳。紫玉一边给錾广递积木，一边给他扶住梯子。这时候涵涵和淇淇也被吸引过来。

涵涵说："哇！好高呀，你们在搭什么呀？""紫玉说要搭花墙。"錾广在梯子上回答。

淇淇说："你们好厉害呀！我们也想和你们一起搭，可以吗？"于是，4

个人一起搭花墙，有爬梯子的，有扶梯子的，还有运输积木的……花墙越搭越高。

第二次遇到困难。"哗啦"积木倒了。

鋆广说："你们看，那边有一点儿歪，好像快倒了。"紫玉说："哎呀，怎么办啊？为什么会倒呢？""可能我们下面的积木没有放好，有一点儿歪了。"涵涵说："也可能是因为实在垒得太高了。"紫玉有点儿郁闷地说："我还想搭到第10层呢！"淇淇安慰道："别难过，要不我们再搭一遍吧！"涵涵也鼓励道："对，不能灰心。"

重新搭建。4个人一起搭花墙，速度比刚才搭得快了一些，不一会儿，很快搭到了第7层。这时，第2列和第3列的积木又倾斜了，鋆广伸手扶

住了，他大声喊道："快给我一块长方形的积木。"鋈广接过涵涵递过来的积木，放在了快要倒塌的积木的旁边，花墙就稳住没有倒塌。涵涵和淇淇非常崇拜地看着鋈广："鋈广好厉害呀！"

最后，通过4个人的共同努力，一面高高的花墙终于搭建完成啦！再给花墙装扮一下，4个人和漂亮的花墙合影留念！

紫玉分享说："今天我和涵涵、淇淇，还有鋈广在积木区搭了一面很高很高的花墙。第一次，搭到第6层时，哗啦倒了，我又害怕又难过。淇淇说：'别难过，要不我们再搭一遍吧！'涵涵说：'对，不能灰心。'我们又搭了一遍，到第7层时，又歪了，多亏鋈广救了它，终于把花墙搭成了。我们都很开心，也很骄傲。"

（肥城市实验幼儿园　彭文）

| 案例分析 |

一、合作能力

这是一个小朋友合作搭建花墙的案例。从案例中看出，搭建花墙的工程量很大，不仅需要相当数量的积木，在搭建过程中对积木"摆放""对接"的技巧的要求也相当高，一个人是很难完成的。开始是鋆广运材料，紫玉搬来梯子，后来又有涵涵、淇淇的加入。第一次倒塌，面对难过的紫玉，淇淇说："别难过，要不我们再搭一遍吧！"涵涵说："对，不能灰心。"两个朋友的鼓励和安慰，给了紫玉极大的信心。在第二次将要倒塌时，鋆广灵敏发现积木倾斜并伸手扶住，紫玉及时、准确地递上积木，最终化险为夷，成功完成了花墙的搭建。大家在花墙前面拍照留念，一起享受合作成果，感受合作的乐趣。

二、体验成功

游戏缘起于紫玉的生活经验，她想把自己见过的花墙表现出来。案例中搭建花墙的过程并不顺利，但小朋友都很友好，态度非常乐观。第一次遇到困难"够不到"，大家商量出"踩着梯子"的办法；第二次遇到困难"花墙倒了"，他们首先分析原因，然后再有针对性地"伸手扶住"，将长方形的积木放在了快要倒塌的积木的旁边，成功地解决了这一次的困难。在第一次倒塌以后，相互鼓励"不能灰心"。正是由于他们勇于面对困难，并积极想办法解决，才享受到最后的成果，有了"很开心，也很骄傲"的情感体验。孩子们和自己的作品"花墙"合影留念，表情动作无一不显示出"很开心，也很骄傲"。

第三节　自主发现

发现，简单说就是第一次看到或知道。"发现"一词在《3—6岁儿童学习与发展指南》中出现了44次，可见它对幼儿生活学习十分重要。"发现"是一个动词，是经过研究探索等看到或找到以前没有看到的事物或规律。发现常常与观察、探索、感知等动作相联系，它的宾语常常是事物的异同、关联、关系、现象、审美、问题、变化、特性、多样性等。在生活与游戏中，孩子们通过身体的多种感官与外部环境、材料的反复接触，相互作用，发现了以前未曾有过的东西：冰是滑滑的、凉凉的，还会和沙子粘在一起；尚未成熟的葡萄又酸又涩，刚出炉的蛋糕又香又甜；站在水中的船上，身体摇摇晃晃要摔倒的感觉，吓得心脏怦怦直跳；夏天轰隆隆的雷声令人心惊胆战；深秋时节，树叶都变黄了、变红了，大风一吹纷纷扬扬飘落下来，像是下了一场彩色的雨……这一切让他们的视觉、听觉、触觉、味觉等感知觉都受到了前所未有的刺激，令他们兴奋不已，使得他们不论是从心理上还是外部身体上都能获得快感与满足。正是游戏中的这些发现，满足了幼儿直接感知、实际操作和亲身体验获取经验的需要，使他们获得了对客观事物的认识和对生活的体验。这些经验的获得，让幼儿的生活变得更加有趣，激励着他们进一步积极主动地去探索。

老师和家长的支持，会让幼儿有更多发现。曾经见到过这样一个案例：雨后的广场上积了薄薄的水，一岁半的康康挣脱妈妈的怀抱，下地去踩水，一只脚踩下去，发现会有水花迸起来，他很开心。踩过两三次之后，他开始不满足了，于是就尝试用双脚跳起来踩。虽然做不到双脚同时离地，但踩水的力量显著增强了，这时他发现水花迸得更高了，他开始兴奋地一直跳，摔倒了，自己爬起来再跳……康康对于"踩的力量与水花迸起来的高度"之间的关系尚且不能言表，但是从他由单脚到双脚去踩水的动作看，对二者之间的关系是有感知的，很有兴趣地一次次去尝试探索，期待新的发现。这个过程中康康妈妈在康康弄湿了鞋子、裤子甚至是摔倒时，都没有出手相助，更没有制止，这才让康康有机会探索、发现。由此可见，家长和老师应放手鼓励孩子去尝试，以获得更多的发现，这样有助于培养幼儿的探究精神和独立意识，促进幼儿主体性的发展。这些由幼儿通过自主探索发现而获得的经验，是他们今后获取更多知识信息的主要来源，也是学习书本知识和形成概念的重要基础。

案例一

我给小花"盖被子"

幼儿园的小水渠一直是孩子们最喜欢的游戏区域之一。在这里，孩子们可以自由自主地玩各种好玩的游戏：和荷叶下的小鱼"躲猫猫"，看谁的纸船游得快，在漂浮的木船上玩"过家家"，在各种各样的小木桥、石头桥上跑来跑去，用渔网捞小鱼、捞树叶、捞掉在水里的各种宝贝。

水渠还为孩子们其他区域的游戏提供了互动空间和材料支持：将水管子拉到山坡上，玩"高空降雨"的游戏；把水端到泥潭、沙池里，像小猪佩奇一样踩泥坑、挖"壕沟"……冬天到了，孩子们发现他们喜欢的小水渠结冰了。

前几天孩子们讨论得出：冰封水面下的小鱼是不会被冻死的，因为冰

层有保温的作用。孩子们还进行了拓展学习：很多植物也是靠浇灌"封冻水"来盖一层"冰被子"保温的。今天笑笑就跑过来问老师："我能给植物们浇浇水，让它们保温吗？"老师微笑着点点头。

第一次，她先用粉色的小桶从水渠里打了一桶水，转身倒进了蓝色的小桶里，然后端着蓝色的小桶去给花盆里的植物浇水。

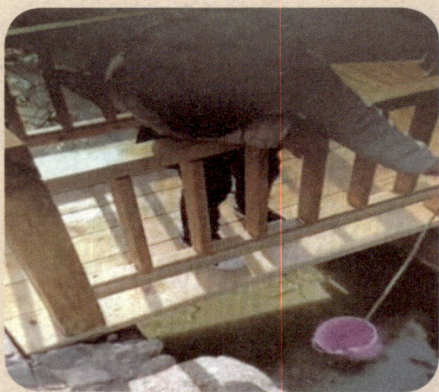

第二次，她用粉色的桶打上水后，在蓝色桶旁停了一下，就直接端着粉色桶去给花盆里的植物浇水。这样重复了三次后，她打了两小桶水放在平地上后，跑到角色区取来了一个大桶，把两小桶水倒进了大桶里，去浇灌路旁花盆里的植物。整个游戏时间，她都在专注地做"浇封冻水"的工作。

（山东科技大学幼儿园　张海红）

| 案例分析 |

一、科学求证

笑笑这次对小伙伴讨论"冰层保暖"的话题特别感兴趣,她查阅资料后得知:在气温降低之前,对田里的植物进行一次大灌水,灌满之后地面就结冰,相当于给植物盖了一层"冰被子"。收集到的科学案例让笑笑产生了进行实验的好奇心,她开始亲身实践进行"漫灌"实验,为植物通过"灌水结冰"来保暖搜集证据。在这个过程中,我们看到笑笑已经掌握了初步的科学探究的方法,也体现了她严谨积极的科学态度。

二、守恒评估

在浇灌植物的过程中,她选择材料和运用材料的方法都是带着思考的,每一种体验后都会有思维的发展:第一次浇灌后,她发现打上来的水再倒到第二个桶里会浪费时间,所以第二次调整为直接用水桶打上水后浇灌。后来她找来一个大桶,将两个小桶里的水倒入大桶,通过缩短来回走路的次数来节约时间。这个过程也让我们发现,笑笑已经形成了初步的可逆性思维,可以在真实行动和可触及的客体中进行简单的守恒评估,这是一个了不起的思维过程。

三、好奇心强

笑笑了解到冰有保温的作用,小鱼能够在冰封的水下过冬,那么植物可不可以呢?小朋友讨论的结果是植物也可以。笑笑回家查阅资料后也得出了相同的结论,真的是这样吗?我要试一试。自然万物是千姿百态、千变万化的,正是这些自然的奇妙,悄无声息地触发了孩子的好奇心、探究欲望。自然用神秘的力量吸引着孩子去关注、探索，并与孩子建立内在和谐的生命链接，让孩子在乐趣中去热爱、尊重、保护自然，并与自然和谐相处。

自制 "磨砂冰"

这几天，孩子们一直热衷于 "破冰救小鱼" 的行动，随着孩子们的敲击，漂浮在水面上的冰块越来越多。豆豆跑到沙池里取来了带着拉绳的小桶，还有几个小朋友去保洁阿姨的储藏间拿来了捞鱼的网子，想借助小桶

"磨砂冰" 铺成的小路

和渔网把漂浮在水上的冰块捞到平地上。豆豆不停地摆动水桶收集浮冰，并把收集的浮冰让好朋友松果看管。松果在平地上不停地向豆豆汇报冰块的数量："豆豆加油哦！我们已经有五块巨无霸冰块了。"

在等待豆豆捞浮冰的时间里，松果拿着一块冰向沙池走去，她把冰埋在了沙子里面，接着她又去取了第2块、第3块埋在了沙子里，埋好第3块后，她又去埋第一块冰的地方把冰挖了出来。这时松果惊奇地喊："我

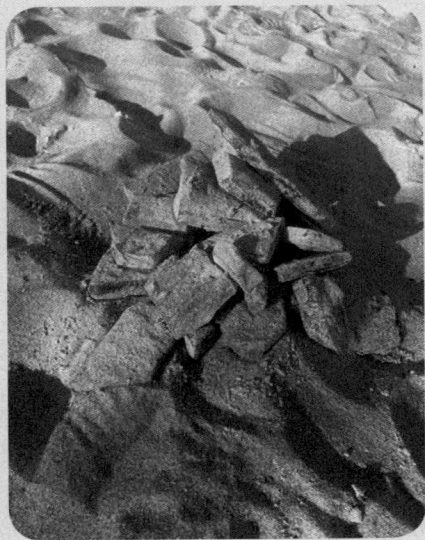

"磨砂冰"组成的蛋糕

们的冰被沙子粘住了。"接着松果又把第2块、第3块埋在沙子里的冰挖了出来，并把这3块冰有序间隔地排列在沙子上。松果又去平地上拿了一块冰，这次她把冰在沙子上翻转了几次，看冰块都沾满沙子后，又将冰块排列在沙子上，就这样松果重复着取冰、用沙子覆盖冰、排列冰的行为……

旁边的小朋友好奇地跑过来想要摸一下带沙的冰，她立马制止说道："这是我刚铺的路，还不能动，要过几天才可以走。"妙妙和豆豆看到"变身"的冰块后，也开始搬运冰块放进沙池，她们用掩埋、翻滚和网子当筛子等方法将沙子均匀地洒在冰块上，欢悦地投入到冰块变身的游戏中。他们用沙冰块做了一个"巧克力蛋糕"，取来了碎碎冰渣子做奶油。他们在水渠和沙池之间来回忙碌着，演绎着生日派对的场景，享受着这场与众不同的生日宴会。

（山东科技大学幼儿园　于雷平）

| 案例分析 |

一、新的发现

"破冰救小鱼"行动造成水渠上漂浮着很多冰块，"这是我们的宝贝，赶紧捞出来埋到沙子里藏起来"，孩子们此时此刻产生了这样的想法。在户外探索性游戏中，把沙子和水两种材料结合起来使用，是孩子最常用的探索方式。松果本来是想将收集的冰块藏在沙子里，结果无意中发现了沙子能粘在冰块上，松散的沙子附着在冰上有了形状，而透明光滑的冰块因为粘了沙子竟然变了颜色，变成了"磨砂冰"（冰块由光滑变得粗糙有摩擦力），并用它玩铺路的游戏。这种由客观现实引发的游戏行为，让幼儿不断有新发现、新观察和新思考，在游戏体验中形成了新的认知经验。同时这个新发现又吸引了同伴，他们模仿松果的游戏行为，创造和建构了自己的游戏材料，生成了新的游戏情景，不仅习得了冰与沙子之间粘合形成的物理认知经验，还用这种认知经验创造了游戏情景，丰富了情感体验。

二、创新玩法

在整个过程中，水的固态（冰）为孩子们主观的想象与客观的现实打开了好奇之门。自然冰、"磨砂冰"、"磨砂冰"间隔有序排列变小路、与众不同的"奶油巧克力蛋糕"，从这一系列的变化轨迹中可以看出，孩子们带着好奇和兴奋在探索中思考，在验证中创新，慢慢地形成水和冰之间转化的认知经验，发现了冰的特性，感受着水与冰的变化带来的诗意和美好。他们在游戏中观察、思考、探索、求证，体验了探索发现的乐趣，在潜移默化中形成了积极探究的科学态度和思维方法。在探求未知的同时，他们发展了伙伴之间的协商交流、合作分享等社会性品质，积极主动、认真专注、敢于探究与尝试等良好的学习品质在解决问题的过程中也悄然形成。

三、深度学习

冬季的结冰现象，在前期活动中先激发了孩子们"破冰救小鱼"的好奇心，在讨论中他们产生了"冰层是冻死小鱼还是给小鱼保暖"的认知冲突，这个矛盾冲突又成了一个值得继续探究的问题，孩子们通过调查收集信息，积极地寻找答案验证"冲突"，通过整理、概括和分享交流，又形成统一的科学经验，达成意见共识。紧接着，产生了"给植物盖一层冰被子保温"的认知。最后，扩大互动空间，将冰运到沙池里，光滑冰变身"磨砂冰"，还引发了生日派对的游戏场景。儿童根据自己当下的需要、兴趣自由调整转换了游戏类型，由探索性游戏变换成了角色游戏。

本游戏案例是孩子们在水渠边自由玩耍过程中生发的本体性游戏，凸显了独创性和自主性，游戏过程呈现出了高度的开放性、合作性、探究性。游戏中，孩子们的内在动机很强，他们一直在持续探究，由水渠中的冰引发的一连串的游戏活动，是孩子们自己主动探究、合作交流、反思调整的过程。

案例三
小球飞起来

　　自主游戏开始了，大家纷纷选择自己的材料进行游戏。杜三希选择使用长木板、篮球、轮胎开始游戏。她将木板架在了轮胎上，球放置在一端，一只脚站在地上，另一只脚用力踩木板另一端，发现球跳得很高。反复玩了5次以后，三希调整了踩木板的力度，她站在木板的另一端，双脚用力一踩，球飞得更高了，玩得非常开心。

　　在游戏的过程中，杜三希反复调整踩木板的力度，球跳的高度也不一样。其中有一次她特别用力，球跳得也很高，砸到了她的头，可这并没有影响她继续游戏的热情。

　　大约5分钟后，她发现在活动场地的旁边，有一个带网的轮胎，她将轮胎拖到了木板的另一边，作为弹跳板，先在网状轮胎上弹跳几次，然后

一只脚踩在网状轮胎上，另一只脚轻轻踩在木板上，球又飞起来了。这一次，球飞得高一些，只见她用双手捂住头，紧盯着球，最后球落在草地上。

第二天自主游戏时，杜三希邀请张艺鸣一起玩"小球飞起来"的游戏，边玩边告诉张艺鸣游戏的玩法。这一次她选择了一个短的木板架在轮胎上，在踩木板的过程中，虽然用力不大，但是小球飞得很高。

在游戏的过程中，张艺鸣建议更换长木板，更换木板后，两个人一起开心地玩起了"跷跷板"和"卖冰激凌"的游戏。

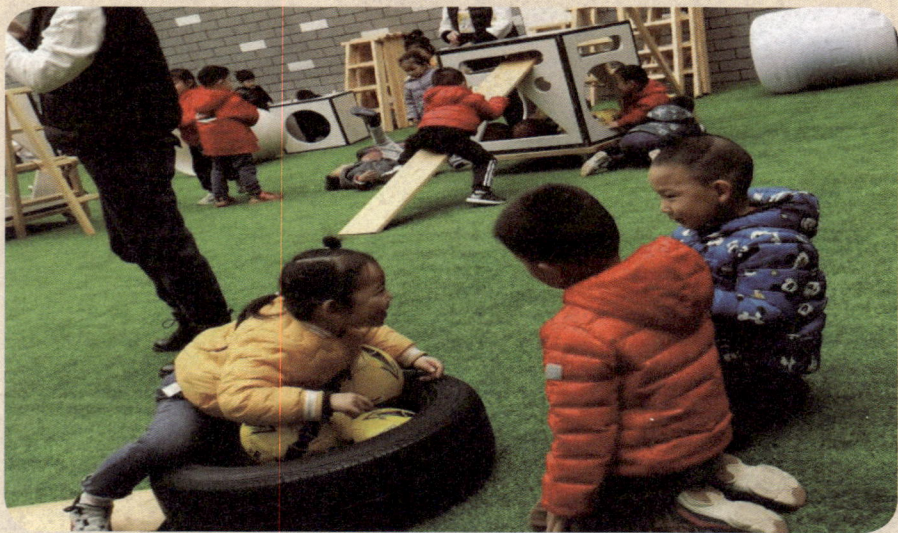

在"卖冰激凌"的游戏中，杜三希将球当作冰激凌："卖冰激凌喽！卖冰激凌喽！"她抱着一个球一直坐在草地上叫卖，只吸引了两个人购买。过了一会儿，又去球架上拿了多个足球，放置在轮胎洞里，调整了叫卖策略："卖冰激凌喽！卖冰激凌喽！我的冰激凌有草莓味的、蓝莓味的、巧克力味的，有各种口味的冰激凌，谁想来买呀？"这个时候，吸引了苗露秦、李极月、王梓琪等更多的伙伴前来购买，大家一起开心地玩着"卖冰激凌"的游戏，直至游戏结束。

（山东科技大学幼儿园　张玲）

▎ 案例分析 ▎

杜三希连续两天选择了木板、轮胎、球开展游戏，与同伴一起进行了"小球飞起来""跷跷板""卖冰激凌"三个不同的游戏。过程中根据自己的需要自由调整和转换策略，随时调整游戏的类型，吸引同伴的加入。

一、探索能力的发展

一次不经意的踩木板动作，激起了杜三希玩"小球飞起来"游戏的兴趣，并由此促使她主动探索"力度与高度"的关系。她通过不断调整踩木板的力度，感受小球飞起来的高度：踩木板的力度大，小球飞得高；踩木板的力度小，小球飞得低。在尝试的过程中，发生了用力过大篮球飞得太高，球在掉落的过程中砸头的事件，杜三希及时调整策略，保护自己。她采用了两种不同的方法：踏木板的力气变小，球会飞得越低，就不会砸到自己；在球飞起来的过程中，双手抱头，也可以保护自己。杜三希在自主游戏中，敏锐地捕捉到了一个意外现象，并由此引发了自己的兴趣，在兴趣的驱使下展开了多种形式的探索活动，在反复的尝试、调整、观察、比较中，玩得刺激，玩出了智慧。

二、 语言表达能力的发展

杜三希第二天还是玩"小球飞起来"的游戏，可见这个游戏对她来说是多么有吸引力。她邀请张艺鸣一起玩，边做动作边介绍游戏是怎么玩的，以及注意的问题，可以看到杜三希愿意向同伴介绍玩法，能够运用简单的语言进行交流，她的语言表达能力也就在这交流和运用中发展起来。

三、 创新思维的发展

在游戏过程中，探索力度和高度的想法满足以后，杜三希又生成了新的富有创意的角色游戏"卖冰激凌"。"卖冰激凌"是杜三希的已有经验，结合现实游戏，以物代物地将球作为冰激凌进行售卖，凸显出她能够创造性地选择和使用材料。在游戏的过程中，她发现顾客很少的现象，及时通过增加冰激凌的数量、介绍冰激凌的品种、大声叫卖等策略，将生活经验迁移到游戏当中，随机调整游戏的策略，创造性地解决了游戏中的问题。一系列策略的应用，丰富了游戏情节，推动了游戏的开展。

第四节　自主学习

学习是人的一种本能。一个新生儿从不会吃奶到会吃，再到自己能捧着奶瓶吃，都是学习的结果。简单说，把不会的变成会的，即便不全会，也有其他相关经验的获得，这个过程就是学习。初入园的孩子，学会排队做操很快乐，吃完饭会把餐具送到指定地方很自豪，帮助同伴捡起掉在地上的积木很骄傲，这都是学习。他们从中学会了参与集体活动要有秩序、守纪律，学会了自我服务，学会了帮助别人。孩子也总是能从中获得很多乐趣，即使需要付出努力也愿意，这是学习的动力。由此看出，儿童的学习是一种广泛意义上的学习，是指人在生活过程中，通过获得经验而产生的行为或行为潜能的相对持久的变化。

游戏和生活是儿童学习的主要内容，也是学习的重要途径。《3—6岁儿童学习与发展指南》中指出：幼儿的学习是以直接经验为基础，在游戏和日常生活中进行的。很多家长甚至是老师常常会有这样的疑问：游戏就是玩儿，生活就是吃喝拉撒，怎么能够发生学习？能学到什么呢？产生这样的疑问，说明这部分人对儿童的学习特点和内容认识不够，儿童是通过直接感知、实际操作和亲身体验获取经验的。因此老师和家长要珍视游戏和生活的独特价值，创设丰富的教育环境，合理安排一日生活，最大程度地满足儿童的学习与发展。爱学习的人，都对新事物有一种敏感度，丰富的环境最能吸引孩子的注意力，使他们置身其中乐此不疲。"假如我们观察一下学前儿童，我们就会注意到他们并不做游戏或工作，他们只不过是体验和学习。他们同世界相互作用，探索它，并从那些相互作用中学习。"（埃德·拉宾诺威克兹《皮亚杰学说入门：思维·学习·教学》）。一个1岁左右的孩子看到成人用筷子吃饭，也执意要一双筷子，有模有样地尝试把饭菜放进嘴巴里，这是一种模仿学习，学到的是成人用筷子吃饭的方式，积累了相关经验。一个孩子看见奶奶串山楂串，也拿根竹签来串山楂。串前3粒时，每次右手食指都被扎一下，串第4粒时，他就有意识地把手指抬起来，就不被扎了，通过实际操作和亲身体验获得相关经验。一个小班的孩子用积木盖高楼，两块方形积木纵向侧立为墙，上面两块积木横向平放为顶。每盖一层，从下往上点数一次，当踮起脚尖数到第 11 层时，兴奋地拍打着身体大叫起来"11 层"，激动的声音都有些变调了。在搭建的过程中，他不仅仅是练习了数数，掌握了对齐、垒高等技能，同时感知了对称、平行、横向、纵向、平摆、侧立等概念。大量事实证明，幼儿就是在生活和游戏中学会认知、学会做事、学会与人合作、学会生存的，而且是积极主动、轻松愉快的学习。教师和家长要充分认识到，家庭及幼儿园的一日生活和游戏、大自然环境和社会环境，都为幼儿自主学习提供了最丰富、最生动的学习资源，我们要充分利用这些宝贵的资源，引导幼儿通过直接感知、实际操作、亲身体验及同伴互动，获取经验，实现发展。

案例一
东东盖高楼

东东，4 岁零两个月，穿一件黑白横条 T 恤，着黑裤、运动鞋，戴一顶红色帽子，独自在建构区游戏，他正在用长方形积木搭建高楼。他先将两块积木侧立对放，纵向为墙；再将两块同样的积木平摆在上面，横向为顶。开始时，他一块一块取材料，盖到第 3 层，开始一次拿两块积木了。每建完一层，他就蹲下去从下往上点数一遍，数完第 11 层时，拍着手绕着"大楼"转了一圈，发现老师，兴奋地大声说"11 层"，双手拍打着肚子，嘴巴里唱着"啊哈"。

搭第 12 层时，又去拿了两块积木，上举试了一下，够不着。放下积木，又拿了两块积木摞在一起，站上去试了试，能够着，下来取了积木搭上。

搭第 13 层时，再次够不着，一手抱着两块积木，一手拉过一个小板凳，放下积木，用手按住板凳前后晃一晃，感觉不稳，又找来一个小木片垫在凳子腿下面，再晃一晃，感觉可以了。抱着积木想上去，刚踩上去一只脚，又下来，把小板凳往外拉了一下，距离大楼远了些，再上去，又搭上一层。

搭第 14 层时，抱着两块积木踩着小板凳上去，又够不着了。于是，跑去 10 米以外的游戏区找来一个白色小板凳，先用一只脚试了试，然后上去，稳稳当当建完了第 14 层。

他在借板凳、还板凳的过程中始终是抱着两块积木的，将借来的白色板凳放下，立马拿起原来的送回去，那里有其他小朋友在玩呢。

▎案例分析▎

这个案例很短，但是不简单。上小班下学期的东东，其在游戏中的很多表现值得肯定。

一、科学探索

空间想象。案例中，东东独立建构的大楼，就是按规律排序，而且以两纵（侧立）两横（平摆）的模式逐渐增加高度。虽然有已有经验的支撑，但真正要把见过或者头脑中的表象表现出来，也是很难的。游戏中的东东，动作非常熟练，从中可以看出他的空间想象力和逻辑思维能力非常强。从 10 米外借来的板凳，只比原来的板凳高出一点点，况且两个板凳不在一起，他就能目测出高矮，也显示出了超强的空间想象力。

点数排序。"能手口一致地点数五个以内的物体，并能说出总数。能按数取物"，是《3—6岁儿童学习与发展指南》中小班数学认知的发展目标，东东不仅能准确点数到14，说出总数，并且点数的兴趣还很浓厚，搭建一层点数一遍，每每如此。"结合生活需要，幼儿一起手口一致点数物体，得出物体的总数"，是《3—6岁儿童学习与发展指南》数学认知领域的建议，游戏中的东东，乘着自己的兴趣反反复复地点数，乐此不疲。可以想象，教师支持游戏继续下去，东东依然可以有更强的表现。

解决问题。搭建的过程中，第一次够不着，用两块积木摞起来垫脚；第二次够不着，用小板凳帮忙；第三次够不着，跑到10米外借来高一点的小板凳。每次换一种垫脚的东西，都要先用手晃一晃，试试稳不稳，不稳，就找个东西垫一下。有时，还要先空手上去试一试能不能够着，够着了，再抱着积木上去。小板凳距离"大楼"太近，他就把凳子挪远一点，困难一个个出现，东东一个个轻松解决，可见思维的灵活及流畅。真实、有趣的游戏情境，提升了东东解决问题的能力。

二、环境预判

搭建第11层时，他感觉到手臂已经伸到极限，再搭肯定是够不着的。所以当准备搭建第12层之前，东东先拿来两块积木摞起来垫在脚下。再往上搭一层时，他直接拿来小板凳垫脚，而且是将小板凳放在积木上面，放好之后，先用一只脚踩上去晃一晃，试试是否稳固，发现有一只板凳腿不稳，就找来小木片垫上，然后再试，确定稳固了，再抱着两块积木上去搭建。还有最后一次，跑到其他区域借来一个高一点的小板凳继续搭建。在每次搭建之后，都换一种垫脚的东西，这种对空间的预判十分准确，而且帮助他顺利完成自己的搭建。

三、传统美德

案例中，借小板凳的细节令人印象深刻。俗语说，好借好还再借不难，这是祖先传给我们的处世之道。借别人的东西为自己所用，成就了自己，但有可能给别人带来不便，影响到别人的生活。东东把自己用不着的小板凳及时送回去，尽可能减少给别人造成的影响。互帮互助的传统美德在东东的行为中彰显出来，同伴的认可，老师的肯定，强化了东东的表现。

案例二
原来 10 米这么长

游戏情境一

齐蔚然在书架上挑选了一本关于恐龙的图书，边看边和王玐洋交流："看，这里有两只恐龙在打架呢！"王玐洋说："蓝色的那只是霸王龙，我最喜欢霸王龙了！""我也是，霸王龙是最厉害的恐龙……""老师，你知道这只龙叫什么名字吗？"老师也拿不准，就接过书说："我读给你听听……"原来恐龙有很多种，有霸王龙、剑龙、三角龙，三角龙全长约 10 米。这时候苏宇轩问："老师，10 米到底有多长啊？"

马溪诺说："10 米是不是能和我们家房子一样高？"

小雨："应该跟我们老师一样高。"

桐桐："不对不对，我在电视上看到的恐龙特别特别大，比人高多了。"

"怎么才能够知道 10 米有多长，有什么办法呢？"老师问。

苏宇轩："我们可以用报纸条接出 10 米呀。"

"怎么接呀？"

游戏情境二

苏宇轩："拿米尺量出 1 米的报纸条，然后把很多 1 米的报纸条接起来就成了 10 米。一条 1 米，再加一条 2 米，再加一条 3 米……"只见他边说边数手指，最后，他终于算出来了，需要 10 条。大家马上行动起来，有的量，有的剪。教室里摆不开，就转移到走廊。用什么把报纸条粘在一起呢？有的说用胶水，有的说用胶带，还有的说用双面胶。苏宇轩说："我们粘的时候不能重叠，那样就不是 10 米了。""那用什么粘呢？"

苏宇轩想了想说："我们用胶带吧，胶带能把两个纸条的边对在一起粘起来。"他的提议再次得到了大家的认可。有剪胶带的，有粘的。当把两个报纸条放在胶带上时，手一动，两张纸条之间就有了一点儿距离。

苏宇轩说："这样不行，这两条边紧挨着才行。"

马溪诺很着急地说："已经粘上了，拿不下来了，怎么办呢？"

李田雨说："不要紧，美工区还有多余的。"说着就跑去拿报纸条了。

王宏锦说："我们可以先把报纸两边对起来，放地上，再用胶带粘。"他边说边示范，边和边真的没有距离了。大家就按王宏锦的方法粘起来，10 米长龙终于完成了。

游戏情境三

孩子们看着刚拼接的纸条，这是不是 10 米呢？

李睿辰说:"我们量一量啊。"说完,就跑去拿米尺了。苏宇轩用手按住米尺一端,李睿辰开始沿着报纸的边拉米尺,米尺拉到报纸的末端:"看,正好 10 米。""呀,真的是 10 米。"孩子们欢呼起来。

林和杨说:"我试试几步能走完这 10 米。"她边走边数,一共走了 20 步。

李田雨拿着一根毛线说:"我用这根毛线量一量。"她测出了 10 米正巧是 10 根毛线的长度。

颜文菲还想出了用木板来测量,结果,用了 11 块木板,报纸剩了一点点。不知是谁说了一句:"我们也可以用小朋友的身体来量。""啊,这怎么量啊?""躺下量呗!"接着就有三五个小朋友抢先躺下。这时,王宏锦发现有的小朋友躺得不直,于是就开始指挥:"你们要顺着报纸条躺,还要把脚对紧了,头也要紧紧地挨在一起。"10 米是 7 个小朋友加上一个腿长。"这是怎么回事啊?"

游戏情境四

大家各自记录着刚才的测量活动,边画边议论着,为什么用不同物品测量,得出的数字不一样。还是王宏锦发现了其中的秘密,即选择的测量工具不一样,记录的数字也不一样。她还说:"选择的测量工具长,记录的数字就小,选择的测量工具短,记录的数字就大。"

徐梓硕说:"我们的走廊是不是比 10 米长多了?"孙逸晨小朋友说:"我们的地笼(一种户外玩具)也比 10 米长。""真的是这样吗?"

游戏情境五

第二天,孩子们小心翼翼地将 10 米的报纸条抬到院子里,量一量幼儿园里哪些物品比 10 米长,哪些物品比 10 米短?每换一个测量物,就像众星捧月一样抬着 10 米报纸条转战其他场地,不停地有人提醒:"小心点,小心点。"孩子们测出了跑道比 10 米长,和美广场的长度比 10 米长,地笼比 10 米长，平衡板比 10 米短……

（新泰市实验幼儿园　赵宁）

▎案例分析 ▎

一、探究兴趣与方法

　　本案例中的游戏，是孩子们在阅读图书时，由恐龙的身长引发产生的。从疑惑"10 米到底有多长"，到猜想"10 米是不是能和我们家房子一样高""应该跟我们老师一样高"，孩子们经过讨论之后，还是没有确切的答案，于是开始想办法求证。用报纸条接出 10 米来验证"10 米到底有多长"，再用米尺确定。这时候，10 米对大班孩子来讲，还是很虚的概念，孩子们看到了 10 米的长度，心中还是有疑惑，于是萌发出用毛线、木板、人体测量 10 米的长度，并对测量结果非常感兴趣，又引发了进一步的研究与探讨。游戏中孩子们积极主动，能通过观察、比较、分析，合作制作 10 米长的报纸条，将 10 米究竟有多长具体化，用数学的方法解决了生活中的疑问，体验解决问题的乐趣。4—6 岁的孩子正处在数字敏感期，对数字、数量关系、排列顺序、形体特征等表现出浓厚兴趣，看到周围生活环境中的"钟点""楼层""车牌号""爸爸妈妈的身高"等都饶有兴致地问一问、数一数、念一念。本游戏满足了幼儿对数字的好奇，并有效促进了幼儿对周围事物的探究能力。同伴参与互动，激发了幼儿的想象力即发散性思维，他们想出很多有趣、有效的测量方法，又激发了幼儿进一步探究的兴趣。

二、学习品质

苏宇轩小朋友好奇心强又灵动，分析问题、解决问题的能力较强。当小朋友提到"三角龙全长约 10 米"时，激发起了苏宇轩小朋友对"10 米到底有多长"的兴趣。他提出可以用报纸条剪出 10 米的长度。问题又来了：在制作 10 米报纸条的时候，用什么把报纸接起来呢？苏宇轩想出了用胶带粘，粘的时候不能重叠，不然报纸条就不够 10 米的长度了。苏宇轩做事情很认真，当马溪诺粘报纸条的时候，报纸条之间出现了一点距离，他立马提出建议，表现出严谨的科学态度。游戏中，苏宇轩小朋友善于发现问题，积极去解决问题。在马溪诺小朋友不小心把报纸条粘错时，小朋友们没有放弃，而是想办法重新粘报纸条，具有不怕困难、敢于探究和尝试的良好学习品质。

三、感知数学在生活中的应用

数学知识在游戏中的运用。苏宇轩的计数能力发展得很好，在制作出 10 米报纸条时，他想出了先量出 1 米报纸的长度。他掌握了一个集合里的每一个元素只能对应一个数时，很快推算出 10 米是由 10 个 1 米组成的，表现出了较强的逻辑思维能力。李田雨、颜文菲、李睿辰掌握了正确的自然测量的方法，他们分别用毛线、木板、米尺对 10 米报纸进行测量。王宏锦小朋友的观察能力很强，发现了测量的另一个秘密，计量单位的大小与测量出的单位数量之间是一种反向的关系，计数单位越小时，测量的物体中包含的单位数量就越多。

四、合作意识和能力

合作，在游戏中表现得淋漓尽致。在制作 10 米报纸条时，李睿辰、孙逸晨、林和杨负责剪报纸条，赵一铭、刘树坤负责剪胶带，马溪诺、颜文菲、李田雨负责粘报纸条，很快 10 米报纸条就做好了。李田雨、颜文菲、李睿辰对 10 米报纸条进行测量时，赵一铭、苏宇轩、刘树坤等小朋友帮助他们按报纸、做标记、拉毛线等。对平衡板、和美广场、地笼的测量，由于测量场地广、测量器械大，更需要同伴间的相互合作。苏宇轩负责固定报纸条的一端，李田雨、颜文菲负责沿着被测物体的边拉报纸条，李睿辰负责记录。

案例三
大为的冰激凌店

大为是本学期才从青岛转到大三班的，非常希望在新班级里找到好朋友，融入班集体。自从来到综合区户外后，大为每次都是把材料从场地的东部运到西部，进行搭建，然后创设情境，开始游戏。比如，他在滑索下面铺上垫子，拉小朋友玩滑索，他说自己是出租车司机；把垫子围起来开游乐场；把人字梯架上木板，做高架桥，欢迎同伴挑战等，无论有没有同伴参与，他都在"埋头苦干"，用双手和材料实现着自己的想象。

户外活动一开始，他就努力运材料。他先在选定的场地上铺了一个大号的垫子，然后开始运最高的人字梯，还有最长的木板。第一趟他搬了一个人字梯，第二趟他想把人字梯和长木板一起运走。他张开双臂想抱着走，但是没抱动。只见他把人字梯放倒，把大木板放到人字梯上面，蹲在地上推着走，很用力地一点一点推。

大为看到老师便前去求助："老师，太重了，你能帮帮我吗？""你请小朋友帮忙了吗？"

"我叫了，他们都不帮我！""老师在照顾这边的小朋友，我帮你找小朋友吧！""谁想来帮帮大为？他需要帮助！"只有艺艺走过来说："我来帮你！"

于是两个小朋友一起合作，一直将材料推到目的地。大为把两个人字梯打开，在人字梯的中间架上木板，然后不断地调试着两个梯子之间的距离，看到我在给他录像，跑过来对我说："老师，我在搭电影院呢！"

电影院就这么开张了，在一边的宸宸也拿了一块长板放在前面，并坐在上面，假装在看电影。

正看着，宸宸问："有爆米花吗？"

"爆米花？"大为一边自言自语，一边低头寻找着什么。这时他捡起一片落叶来，递给宸宸："给，你的爆米花！"

　　然后他又开始捡了更多的落叶，并把捡来的落叶摆放在架起的木板上。

　　当一片片的树叶在长板上摆好后，大为站在木板后面开始叫卖："卖冰激凌啦，卖冰激凌啦！"

　　看到小朋友走过，他就说："我开冰激凌店了，来买冰激凌吧！"

　　有两个小朋友被叫卖声吸引，过来围观。这时，佳航拿了两个小人字梯，支在大为的冰激凌店旁边，上面也摆上树叶，开始叫卖："卖烤鱼啦，卖烤鱼啦！"

　　站在一边的杨老师看到这"商业一条街"有模有样的，就走过去问："多少钱一个？我想要个芒果口味的。"

　　大为说："不要钱的。"说着递给了杨老师一个"冰激凌"。

　　有了老师的光顾，大为的"生意"变得更加红火，店前排队的人开始增多。

　　然然和蕾蕾买完"冰激凌"后，说："我们也想当店员，我们也想当店员！"

大为说："今天不行，你们明天再来吧，明天店里有活动，中奖了可以当店员。"

这两位小朋友答应后跑开了。这时的东驰买完"冰激凌"并没有走开。

大为说："你就坐那里吃吧！"

东驰就在旁边的小人字梯上坐下。

看了一眼东驰的座位，大为又跑到材料区，运来几个小人字梯，打开放在店的前面，并让买了"冰激凌"的小朋友坐，又在垫子边搭上木板，告诉我说："这是进店的门。"大为的操作，又吸引来一波顾客。宸宸、兵兵等好几个小朋友来买了"冰激凌"，然后坐到"板凳"上，有滋有味地"吃"起来，人越来越多。

这时大为说："今天店里有活动啦，今天店里有活动啦，中奖的来当店员！"

小朋友们纷纷举手，热情很高。大为就选了举手最积极的溪溪和兵兵作为店员，并说："你俩来这里当店员卖东西，我来当老板，挣了钱都给我。"

说着走到了幕后。

两个"新店员"立马上岗，问顾客："你想要什么口味的？好的，给你！"

小朋友们的游戏越来越热闹，溪溪接着把挣的"钱"交给大为，说："给你，我们挣的'钱'！"

这时大为把店交给店员后，找了一些树叶，碾碎放在手里，来到店前向空中撒了一把说："开业啦！开业啦！"

进行游戏反思时，大为画出了自己的游戏场景，并在集体面前分享。他说："我今天开了'冰激凌店'，还搞了一次活动，让买东西的小朋

友中奖。"

兵兵说："是啊，我都中奖了，他奖给我一个草莓口味的'冰激凌'，还让我当了店员！"

溪溪说："我也是，我也中奖了，我的'冰激凌'是葡萄味的！"

然后参与的小朋友七嘴八舌地开始说自己的参与。

老师说："这么多人都参加了大为的游戏啊？"

溪溪说："是的。大为的游戏很好玩，我们都玩成好朋友了！"

兵兵说："我和大为也是好朋友！"

"还有我，我也是大为的朋友！"

"还有我……"

大为脸上的笑容越来越灿烂了！

第三天，大为并没有继续开他的"冰激凌店"，而是重新选了一个地方，开始搭建"火车站"。人字梯、一字梯，在他那里又变成了"铁路轨道"，他作为"火车司机"，身后跟了好多"乘客"，那都是他的朋友！

（新泰市实验幼儿园　王霞）

┃ 案例分析 ┃

一、同伴关系

大班的幼儿已经有了稳定的同伴关系，大为因为转来的时间比较短，他总是说"我没有朋友"，还没有完全融入到集体中来。在运材料时，没有朋友过来帮他，他非常渴望交往，渴望融入这个集体。大为在交往中遇到的这些困难，通过游戏得到了解决，他完成了与同伴的交往，有了良好的同伴关系。在游戏中，他积极想办法吸引同伴。"冰激凌店"是他开的，自己才刚当上售货员，就有小朋友来想站在他的位置上，他没有直接拒绝，但也没有答应，而是说"你们明天再来吧，明天店里有活动，中奖了可以当店员"。把"活动中奖"的生活经验迁移到自己的游戏当中，既丰富了游戏的内容，又增加了游戏的趣味性，也提高了同伴的参与度。他自己呢，并不是退出了游戏，而是创造性地设置了"老板"这个角色，让自己升职，带着小有成就的满足感继续游戏。游戏中的交往，也是锻炼孩子社会性交往的一种途径。在游戏分享环节，我重点让大为分享自己的游戏故事，引导同伴关注大为的闪光点，目的是让他树立自信，也引起同伴对他的敬佩和关注，有利于他尽快融入班集体，找到自己的好朋友。

二、创新能力

在这个游戏中，大为还创设了很多角色，有售货员、店员、顾客、老板等，每个角色的定位很准确，比如开了"冰激凌店"，他对顾客说"明天店里有活动，中奖了可以当店员"；当老板后对店员说"挣了钱都给我"；新店开业，捡来枯树叶，揉碎，抛向空中，制造出"漫天飞花"的热闹景象，让游戏更加接近生活，更具生活的真实，这些都是源于他自己的生活。他细心观察生活，在游戏过程中不断地去演绎、重塑、完善这些社会性角色，对这些社会性角色有了更深入的了解和体会。他一边撒"花"一边大声嚷着："开业啦！开业啦！"以物代物这一游戏行为的出现，标志着大为创造性思维的萌芽。本次游戏的成功，激励着大为在以后的游戏中继续"变着花样玩"，创新能力也将逐步发展。

三、学习品质

在本次游戏活动中，大为一直积极想办法，丰富游戏，让游戏继续下去，表现出了很多优秀的学习品质。

积极主动，乐于想象和创造。在游戏过程中，有大量的以物代物，大为都是通过自己的想象建立事物之间的联系，比如将树叶当作冰激凌、人字梯打开当作高脚凳、树叶碾碎当作撒花等，得到小朋友的高度认同。在游戏过程中，大为还用老师提供的材料，即大小不同的人字梯、垫子、一子梯、长短不一的木板等，创设了"电影院""冰激凌店"，以及第二天的"火车站"等。在很多小朋友也想参与的时候，他又创造性地增加"店员"角色，通过搞活动等来吸引小朋友，避免了游戏的单一无趣。

想象力丰富。这是大为的"冰激凌店"红火的关键。捡起一片落叶就是"爆米花"，捡了更多的落叶当作"冰激凌"。从"爆米花"到"冰激凌"，再到"冰激凌店""烤鱼店"，有力拓展了游戏内容，丰富了游戏情节，促进了大为（参与者）的表征思维能力的发展。"冰激凌店"的开设，是大为在游戏中创造出的一种"想象的情境"，满足了对"冰激凌"喜欢的愿望。教师的加入鼓励了大为，"冰激凌"就有了"芒果味""草莓味"等不同的味道，揉碎枯叶，抛洒漫天飞花，为游戏增添了无限的乐趣。

不怕困难，坚持到底。大为在搬运材料的过程中，搬不动的材料就放在地上推着走，直到运到目的地；当宸宸想要"爆米花"时，大为是没有准备的，但他立即开始想办法寻找，最终找到树叶来代替，满足顾客的需要，让游戏一直进行下去。整个户外活动时间，他都在经营他的

"冰激凌店"，遇到的困难，都是他调整游戏的契机，非常认真专注，坚持到底。

第五节　自我挑战

　　挑战，是一种知难而进的自信，是一种逢高必攀的潜能，只要抓住机会，磨炼自己，就能让自己变得更自信、更勇敢、更有能力。一个人真正的成长，不是年岁的叠加，而是经历并战胜成长路上遇到的一次次的困难和挑战。挑战自我就是不断战胜自己、提高自己的过程。对于幼儿园的孩子来说，走一条没有走过的路、做一件没有做过的事情、勇敢地面对一次权威或强大的力量、尝试把自己的想法表达出来等，都是挑战。

　　自我挑战，有时是有计划的，有时是偶然的。有计划的挑战，有既定目标，这个目标源于自己的兴趣和愿望，是评估自己的能力水平以后制定的，这样执行起来更有信心。当看到同伴在独木桥上如履平地般跑来跑去，于是就产生了"我也能走独木桥"的愿望；当看到其他小朋友悠闲自得地在滚筒上前走走后走走，就有了自己也能站上滚筒的兴趣。自我挑战，发起挑战和接受挑战的都是同一个人，没有对方的约束和刺激，这比接受别人的挑战更需要勇气，对自己的自信心也是相当大的考验。向着目标发起挑战的过程中，需要主动出击，主动面对，自己解决问题，不能犹豫，更不能胆怯，要始终保持积极的心态，一点点去建立自己的自信心，给自己足够的信任，不自觉地就丢弃了敏感和脆弱。一个入园三天的小班幼儿，发现同伴拿走了他的积木，赶紧跑上前去，几经拉扯，从对方手里抢回来。要知道，这个长板的长度超出他身高的一倍，平时搬动长板就已经很费劲了，何况是从对方手里抢。"抢回自己的积木"是一个即时目标，这对他的胆量、力量都是一次极大的挑战。面对突然出现的状况，不等不靠，勇敢地冲上前去抢回自己的积木，挑战成功，收获成功与自信。此刻，他与爷爷奶奶眼中那个胆小怕事的奶娃娃已判若两人。一个女孩给自己制定了目标：在独木桥上自如行走。游戏时间，她不停地尝试，开始站都站不稳，直接"走"，难度很大。于是她就分解目标——"先走两三步，再爬完剩下的部分"，自觉降低难度。在整个过程中，即便有同伴催促或者对她嗤之以鼻，她也视而不见，慢慢地尝试练习，终获成功。因此，无论大事小事，只要自己认为能办得好就坚定地去办，即使慢一点，也一定能成功。困难，总是逼着人想办法，想办法解决一个问题就收获一份智慧。每一个人都是经过跌倒再爬起来，才逐渐长大的。这个过程培养出来的是一种勇敢、坚毅、努力、不放弃的优秀的个性品格。

案例一
独木桥上的小女孩

6月下旬，天气已经比较热了。户外活动时间到了，孩子们依然像小鸟出笼般飞向自己心仪的活动区。一刻钟后，大部分孩子的头上挂满了汗珠，速度就慢下来了。但在独木桥那里，一个小女孩不紧不慢、乐此不疲地玩着自己的游戏。独木桥就是架在空地上的一根剥了皮的大树干，长约四五米，桥的下面是泥土地。树根一头用一个小木梯固定、支撑，木梯有1.2米高，树梢一头用一根圆木支撑。小女孩蹬着梯子爬上独木桥，再慢慢站起身，一脚挨着一脚地挪，刚走 3 步就停下来，她发现，再往前走，树干开始变细且有一个很小的拐弯。于是，她先蹲下来双手扶住树干，再把两腿分开，骑在树干上一点一点往前挪，等到了桥尾，身体前倾贴向树干，双手紧紧地抱着树干，把右腿挪到左侧，慢慢下滑，等双脚离地面约有 10 厘米时，她双手一松跳下来，脸上表情淡然。再跑到梯子一头，重复前面的动作。等到第 3 次骑在桥上往前挪动时，上来一个男孩，不停地在后面催促她快一点，她就像没有听见一样，按着自己的节奏往前移。等得不耐烦的男孩子，直接跳下来。就在女孩快到终点时，男孩噌噌噌上到桥上，直立双脚交替快速走到桥尾，身体微微一弯，纵身跳了下来，然后看看女孩才到桥头，转身离开去了别处。女孩第 5 次爬上独木桥时，双脚交替往前能走 6 步，当树干变得越来越细时，再次蹲下，骑行走完后边的一段，仍然用双腿慢慢下滑。一次又一次，直到后来尝试跳下来。活动结束前共跳下 3 次，但明显可以看出，后两次跳比第一跳果断了许多。整整 1 个小时，这中间她没有停顿，没有休息，偶尔把目光向周围扫一遍，露出一点微笑。

（活动来源：参观所见。后来了解到这是个中班的女孩，妈妈一直不让她玩这个独木桥，担心出危险。）

▎ 案例分析 ▎

一、身心发展

运动能力的发展。游戏是幼儿自发的运动形式，这一案例尤其如此。一开始，小女孩特别谨慎，每一个步骤都小心翼翼，每一个动作都非常缓慢，直到后来尝试跳下来，活动结束前共跳下 3 次，但明显可以看出，后两次跳比第一次跳果断了许多。整整 1 个小时，小女孩反反复复地爬上、滑下，练习走独木桥。从一脚一脚地挪到双脚交替前行，从抱着大树慢慢滑下到后来直接跳下，从挪 3 步到交替走 6 步，我们可以看到她的动作越来越熟练，越来越协调。

心理的发展。幼儿对自己喜欢的事情有着特别的执着，这个中班女孩在游戏中表现出来的执着与坚定，远远超出了她的年龄。挑战独木桥，也许是因为她特别喜欢，喜欢登上去的那种紧张刺激的感觉，喜欢尝试用自己能力范围内的方式通过独木桥，慢慢掌控自己的身体，随着爬上、滑下、骑行、直身交替走等动作越来越熟练，内心的成就感越来越强。游戏也是心理活动产生的源泉，无论同伴怎样的催促，她都无视旁观者的眼神，就这样一个人，不急不躁按着自己的节奏玩着，相信自己一定能行。游戏过程证明了她对自己的认知与判断，自信心与成就感就是在一次次的亲身体验中建立起来的。

二、自主学习

幼儿的学习有时是来自对同伴的模仿。也许是看到其他同伴都能轻松自如地爬上跳下，产生了一份不服输的心理。当同伴有了成功的表现，特别是被成人肯定后，往往会成为其他孩子模仿的对象，榜样的力量是无穷的，这是幼儿园孩子学习的主要方式之一。

三、叛逆

妈妈不让小女孩玩独木桥，担心不安全，是对孩子的行为能力缺少了解。孩子自己对自己是了解的，所以她要证明给妈妈看，证明自己是有能力的，妈妈的担心是多余的。大人不让干的事，她偏要试试，叛逆心理因此产生，从而用各种手段、方法来确立自我与外界的平等地位。叛逆，也是一种力量，调节运用得好，能成为促进发展的正向能量。案例中的小女孩就是如此。4—5岁的孩子正处在人生第一个叛逆期，妈妈不让她玩独木桥，她偏偏要玩。此刻，妈妈不在身边，要抓紧时间偷偷玩，这一心理支撑着她1个小时不停歇地玩。从她爬上、慢慢移动、小心下滑的一系列动作可以看出，她开始对在独木桥上走还是很胆怯的，内心有份对未知的危险预期，是叛逆心理促使她努力克服自己的胆怯，并激发她用自己的方式一次一次挑战自己征服独木桥，向同伴和老师展示了自己的成功。这一举动，不仅仅是行为动作的发展，更是她内部心理逐渐强大的证明。

案例二
挑战滚筒

游戏情境一：第 1 次，身体滑落在地上

自主游戏时间，孩子们飞快地奔向自己喜欢的区域，三三两两地忙活起来。在滚筒区的一角，辰辰双手扶着滚筒沉思着。一会儿她将滚筒推到轮胎处靠牢，然后绕行到轮胎一侧，左脚踏轮胎，双手扶滚筒，右脚登上滚筒，接着整个身体上了滚筒。滚筒受力向前滚动，辰辰双脚随着滚筒滚动快速交替踏步几下，顺势整个身体滑落在地上。

游戏情境二：第 4 次，稳稳站在滚筒上

辰辰将滚筒再次推至轮胎处靠牢，双手扶住滚筒，先左脚搭上滚筒，

再右脚搭上滚筒，然后上半身稳坐在滚筒上，双脚落在轮胎上。辰辰很兴奋，叫了下旁边参观的老师，发现老师并没有关注自己，自语道："蹲下啦。"然后，转身爬上了滚筒，稳稳地站在了滚筒上。大约 2 秒钟，辰辰双脚推动滚筒，5 步后，再次滑落在地上。

游戏情境三：第 7 次，试着从滚筒开口处爬上滚筒

辰辰又将滚筒靠住轮胎，转到滚筒的右侧，然后整个上半身压在滚筒上，意欲从滚筒开口处爬上滚筒。只见她先把左腿搭在滚筒上，上身一用力，左腿滑落下来，再试几次依然没有成功。辰辰再次选择踏着轮胎爬上滚筒，站稳后，双脚向前滚动滚筒，交替走了 8 步后，身体微微一颤滑落在地上。

游戏情境四：第 8 次，倒滚滚筒、控制身体落地

辰辰双手拉动滚筒靠紧轮胎，侧身对着滚筒，右脚迅速踏上滚筒，然后试探着在滚筒平衡的瞬间，将左脚搭上滚筒，身体慢慢站立在滚筒上，双脚开始倒着滚动滚筒。中间有两次，双脚跟随滚筒下滑的瞬间，她及时调整身体平衡、站稳，再次滚动滚筒……第 15 步时她张开双臂跳下了滚筒，像体操运动员一样稳稳落地，只听她开心地发出"嘿"的喝彩声，双眼还不忘扫视了一下周围的人群，再次开心地哈哈大笑。

游戏情境五：女孩仍在玩滚筒游戏

大约 10 分钟后，辰辰仍在乐此不疲地玩着滚筒游戏，20 分钟后还在玩，前前后后一直坚持了大约 40 分钟，仍乐此不疲。

（山东科技大学幼儿园　陈冬梅）

案例分析

一、挑战自我

幼儿游戏都是通过对游戏材料的操作来完成的。从这个案例中了解到，开始辰辰是不能在滚筒上站稳的，这也许就是她今天挑战自己的理由。站上滚筒，首先要征服滚筒，于是她开始了对滚筒的探索，"双手扶住滚筒""登上滚筒""滚筒受力向前滚动""双脚随着滚筒滚动快速交替踏步几下"，第1次的尝试以"身体滑落"结束。但她没有气馁，继续努力，直到第4次"稳稳地站在滚筒上"，第8次能够"倒滚滚筒""张开双臂跳下了滚筒，像体操运动员一样稳稳落地"，还"开心地发出'嘿'的喝彩声，双眼还不忘扫视了一下周围的人群，再次开心地哈哈大笑"。战胜自我，挑战成功。尽管没有教师和同伴关注、喝彩，自己一样可以庆祝胜利。

二、兴趣与坚持

案例中的辰辰，独自一个人玩同一个游戏，而且玩了40多分钟兴趣不减。兴趣，是个人对学习活动的一种积极认识倾向和情绪状态，也是学习动力之一。我们常说兴趣是最好的老师，兴趣也是游戏的重要内容。我们可以看出辰辰的信念与坚持，就是一定要站上滚筒、能滚动滚筒、想往前滚就往前滚、想往后滚就往后滚，自由掌控玩法。尽管多次失败，她也不气馁不放弃，有着激情和不服输的精神，这对于一个五六岁的孩子来讲是非常了不起的，况且是当着那么多参观者的面也不畏不惧。玩滚筒的游戏中，辰辰表现出顽强的毅力和坚强的心理抗压能力。

三、 学习品质

对滚筒的征服与掌控是辰辰的兴趣点，也是她的游戏目标。游戏是辰辰自己发起的，游戏中的辰辰更加积极主动，注意力集中，有较好的耐力，不怕失败，多次尝试努力，终于独立达成掌控滚筒的游戏目标，自主完成一次高质量的学习，习得良好意志品质的相关要素。

四、 动作发展

辰辰前 3 次的失败，没有阻止她对滚筒游戏的兴趣，她继续尝试。当第 4 次"稳稳地站在了滚筒上""5 步后，再次滑落"，第 7 次"站稳后，双脚向前滚动滚筒，交替走了 8 步后，……滑落在地上"，第 8 次"倒着滚动滚筒""及时调整身体""第 15 步时她张开双臂跳下了滚筒，像体操运动员一样稳稳落地"。从这里我们看出，辰辰从上不去—站不稳—滑落，到上得去—站得稳—双脚交替向前滚滚—后滚滚—自由跳下，自身的平衡能力、对滚筒的掌控能力、对自己身体的掌控能力，一点点在提升；手脚及身体的灵活性、动作的协调性都有很大发展。

五、 自我认知

第 4 次爬上滚筒能够站稳，虽然只有两秒，却带给辰辰极大的信心，对辰辰心理上的自我认知来讲是一次质变："我能稳稳站在滚筒上了！"所以非常兴奋地对着旁边的老师打招呼，很主动地把自己的成功与周围的人分享，尽管没有人关注她，她还是非常开心。当第 8 次能自主地张开双臂轻轻跳下并稳稳落地时，可以说是自信心爆棚，只听她开心地发出"嘿"的喝彩声，双眼还不忘扫视了一下周围的人群，再次开心地哈哈大笑。

　　自主游戏是儿童发起的，主要建立在儿童的需要和兴趣的基础上，儿童可以直接感受到他们需要什么，并且能够自主地通过游戏去满足这些需要。儿童发起的活动可以引发儿童的归属感以及独立性。游戏令人身心愉悦，它可以强化儿童的兴趣，提供适宜的、有意义的经验，促进儿童的学习。

案例三
"秘密基地" 建成记

　　持续三周的户外自主游戏中，陈胤宁、奇奇、妙妙3个小伙伴经过多次修、拆、改，终于拥有了一辆能够运行的、坐6个人的、超级先进的"军用潜水艇"。

游戏情境一

上午户外游戏开始了，妙妙说："我们的'潜水艇'需要一个'弹药库'，我们搭一个存放'武器'的'秘密基地'吧？"奇奇、陈胤宁高兴地说："对对对，我们急需一个'秘密基地'。"于是3个小伙伴围拢在一起开始商量用什么样的材料来搭建。奇奇建议用长方形的木条搭建，于是3个伙伴跑到收纳区，用车子搬来了长方形木条。木条搬来了，搭建什么形状的"秘密基地"又成了3个伙伴讨论的话题——

奇奇：要先搭一个门。

妙妙：但是不能有窗户，要隐蔽，否则会让"敌人"发现我们的"武器"。

陈胤宁：我们先搭门吧。

于是3个伙伴用木条竖起来搭门，木条竖起来后占地面积较小，所以在搭建第2层时就倒塌了。尝试几次后，他们又尝试换圆柱来搭建门。这时奇奇说："圆柱也不稳定，豆豆（连续三周都在尝试搭建一个高150厘米的门）那个门每次都会被风刮倒。"3个小伙伴盘坐在地上陷入了思考。陈胤宁看了看周围的小朋友，突然发现了刘锦璇，他高兴地说："我们搭刘锦璇前几天搭的那个圆形的吧？那个门结实！"奇奇、妙妙同意了陈胤宁的建议。刘锦璇搭建的圆形房子如下左图所示。

游戏情境二

　　搭建到第 15 层时，陈胤宁说该封房顶了，他们跑去综合区取来长约两米的长木板，但是只有两条，数量不够。他们去向老师求助，老师没有直接给予帮助，而是反问："那怎么办？还有什么能代替板子？"

　　几个小伙伴一起分析讨论，依据材料数量，最终商定接受妙妙的建议：搭"尖形"的房子吧。老师又问："'尖形'的房子是什么样子的？"妙妙向老师与小伙伴们描述了自己的构想，说完就跑到未建完的"秘密基地"开始往上搭长木条，又拿来了一条稍长一点的木条，放在缺口的上方做门楣。他发现这根长的木条厚度不够，在连接处形成了一个凹槽，于是又去取了一根较长的木条，填补在刚才那根的上方，这时整个小屋的上方完全闭合了。

　　闭合的圆连接好后，妙妙建议大家把木条往上放的时候要收着点，一边做还一边说："这样往上一点点收就可以变成尖屋顶。"陈胤宁和奇奇也模仿妙妙的方法开始逐渐往里收着放长木条。

　　第 16 层：7 根 +2 长根。

第 17 层：8 根。

第 18 层：7 根。

第 19 层：6 根（空隙大）。

第 20、21 层：6 根（空隙变小）。

第 22、23、24、25、26 层：紧密的 6 根。

没办法再收紧，妙妙建议用小块的木砖代替，陈胤宁和奇奇同意了，可最后还是决定用长木条来搭建。第 27、28、29 层，分别各用了 4 根木条，屋顶顶端由原来的六边形变成了一个长方形。最后用 4 根长木条平铺在上面盖顶，完成了"秘密基地"的搭建，他们开心极了，围着作品欢呼，老师们也激动地做出了称赞和欣赏的动作。

注：在"收顶"的搭建过程中，随着"秘密基地"不断地垒高，高度

超过了幼儿站立搭建的极限。他们先搬来了垫子，又搬来了梯子，后来干脆请男老师帮忙，让男老师用肩膀扛着他们，这样既迅速又安全。

（山东科技大学幼儿园　于雷平）

▎ 案例分析 ▎

一、同伴关系

连续三周的建构活动，让奇奇、妙妙和陈胤宁三人形成非常稳定的游戏伙伴关系，人员固定，主题专一，三周时间一直专注、投入地持续搭建"潜水艇"。同一主题的持续建构，使得游戏情节越来越丰富，妙妙就有了搭建一座"秘密基地"的想法，并很快得到奇奇和陈胤宁的肯定与支持。三个人很快讨论出建构的详细计划与实施方案，如建构地点的选择，所用材料的规格、数量及搬运等都一一想到，然后一步步按计划搭建。搭建过程中，由于木条垒高后稳定性较弱，反复倒塌，建构被迫中断。于是，他们开始商量着寻找解决问题的办法。首先想到调整建构材料，由原来的长木条改为圆柱积木，但通过评估并借鉴其他同伴（豆豆）的经验，觉得圆柱积木也不是很稳固，果断决定还是用长木条，更加注意调整木条连接的精准度，以增加牢固度。随着搭建高度的增加，即使踩着梯子也够不着了，于是想到了身边的男老师，开始指挥着男老师帮忙搭，发现老师不能准确捕捉他们的意思，就坐在老师的肩头自己搭，把老师当作了可移动的梯子。经过多重努力终于搭建完成，想法得以实现，三个小伙伴高声欢呼，还兴奋地和老师抱在一起，共享由此带来的成功与自信。生生、师生之间友好的同伴关系，又激励着他们下一次的再创造，游戏水平随着搭建技能、合作能力的提升也是节节升高。

二、社会性发展

这个案例突出的特点就是，让我们看到了三位小朋友较高的社会性发展水平。他们之间既有明确的分工，又有默契的配合，遇到问题就坐下来商量，能够尊重、倾听同伴的想法和建议。积木不够时没有抱怨，不急不躁，情绪稳定。向老师求助，当老师给出的建议不符合自己的意愿时，他们坚持自己的想法，选择耐心等待，具有较高的自我意识和控制能力。搭建过程中互相支持、共同努力、各尽其责等游戏行为的频繁呈现，证明孩子们已经具备这些优良品质，而不是一时兴起的暂时行为。三周的持续合作，让小朋友已经建立起对同伴的信任，形成稳定友好的同伴关系。在活动中能够看见、看懂对方的意图并积极配合，是社会性发展典型的标志。

三、资源利用

幼儿的学习是以直接经验为基础，在游戏和日常生活中进行的，幼儿周围的一切都是可以利用的资源。当游戏中木板数量不够向老师求助时，老师没有直接给予帮助，而是采用反问"那怎么办？还有什么能代替板子"，既激发幼儿去积极想办法，又给了一点点启发或暗示"以物代物"。当孩子们因为材料不够而改变计划盖"尖形"房子时，老师再次追问"'尖形'的房子是什么样子的"，这次追问让妙妙把自己想到的"尖形"描述出来，让他的思维外显，既能帮助他通过描述让自己的构想更加清晰，也帮助其他两位同伴理解他的新计划，方便后边的合作实施。在最后环节，房子搭得实在太高了，够不着了，孩子们直接请来男老师帮忙，让男老师用肩膀扛着他们，这样既迅速又安全，可谓把资源利用得淋漓尽致。

四、创新思维发展

搭建"秘密基地"就不能有窗户，一定要隐蔽，这是妙妙的经验。门是要有的，但以前搭的门容易倒，陈胤宁就想到了小伙伴刘锦璇建圆形房子的门，于是就借用了同伴的经验，把地基建成"圆形"。妙妙在和老师的互动中，有积极的思维发展，创造性地决定了搭建"尖形"房顶，这是特别关键的一步，也是后续作品"质变"的关键。从孩子的思维品质及行为表现可以想到平时师生互动的高质量。教师的教育智慧在孩子身上显现出来。

第三章

游戏中的教师成长

　　幼儿园的保教质量，决定着幼儿学习与发展的质量，而决定幼儿园质量的关键因素之一，就是幼儿园教师的质量。高素质、专业化的幼儿园教师队伍是高质量教育和儿童健康发展的重要保障。《幼儿园教师专业标准》把幼儿园教师定义为：幼儿健康成长的启蒙者和引路人。今天的孩童是明天的国之栋梁，对孩童进行道路引导，直接关系到为祖国未来培养什么人的问题。因此，幼儿园教师不仅要具有高尚师德，还要有精湛的幼儿教育专业水准，可以说，他们的责任大、任务重。

　　但目前的现实是，我们的幼儿园教师队伍整体专业率比较低，专业水平也不是很高，关于学前教育的专业认知、专业知识、专业能力等素养，尚不能完全满足幼儿园高质量发展的需求。除此之外，数量上也达不到"两教一保"的标准配置。教师队伍平均素养低、数量少的现实，严重影响着本地学前教育的高质量发展进程，距离实现"幼有优育"的目标要求相差甚远。加快在岗教师的专业成长、提升教师专业素养和专业能力、建设一支高素质的幼儿园教师队伍，是教研工作的重中之重，是促进学前教育高质量发展的重要途径。

如何实现教师快速地专业成长呢？

向儿童学习。我们都知道，幼儿园老师进入园门后，几乎没有一刻属于自己的独立空闲时间，特别是在幼儿园开展自主游戏以后，所有老师必须到幼儿游戏活动现场支持游戏、陪伴游戏、观察游戏。这样，也正好给了老师一个了解幼儿的机会。游戏中幼儿一些奇怪的言行及超常规的动作，让老师惊喜、惊讶的同时，也带给老师许多新的问题，激发了教师对场地划分、空间布局、材料投放、活动时间等适宜性的研究。越研究问题越多，以前认为不是问题的事，现在从支持幼儿自主游戏的角度来看，都成了问题。发现问题，事不迟疑，能在现场解决的就在现场解决；现场不能解决的，分头向书本学习、找同行咨询、寻求专家支持。实践发现，解决游戏中的问题，孩子的办法往往比老师的更便捷。一所幼儿园在活动区投放了大铁桶，老师试玩的时候，踩上去就滑下来，根本站不住。老师们多次研究，反复尝试在铁桶外边包上棉布或者缠绕麻绳、草绳等，都无济于事。结果，孩子们一来，问题解决了，脱了鞋子光着脚丫站上去就不滑了。这不但颠覆了老师的儿童观，还给老师指出了一个解决问题的思路——遇到问题，先让孩子自己去解决，过程中通过生生互动、师生互动、家园互动，逐渐构建、生成幼儿园游戏课程、生活课程等，基于幼儿学习与发展需求的园本课程资源越来越丰富。课程资源的日益丰富，不但拓宽了幼儿的学习范围，还将幼儿游戏逐步引向深入。在自主游戏中，幼儿表现精彩纷呈，让老师从游戏中看到了儿童的自主学习与发展，感受到儿童生命成长的力量，消除了多年的职业倦怠，切切实实找到了职业幸福感。

在实践中成长。有些事情只有先做起来，让问题显现出来，才能去解决。开展自主游戏，首要的问题，就是对"安全"的担心。安全问题就像一根高压线，让老师谈之色变，更是因此困住了老师的手脚，这也不敢那也不敢。幼儿有没有对环境安全的评估能力，有没有自我保护的意识和能力，老师心中并没有底。那就先试着放手让孩子们自己玩起来。观察发现，胆小的孩子不爬高；孩子们根据自己的能力水平，会选择高、中、低适合自己的跳板往下跳，并没有发生老师所担心的安全问题。其次就是活动场地不足。坚守"幼儿为本"的理念，基于现实，转变思路，阻碍孩子奔跑的设施，毫不犹豫地拆；孩子喜欢玩沙，那就挖；孩子喜欢爬高，就堆山坡、架树屋；自主游戏带来的畅快，总让孩子感觉时间短、玩不够，那就优化一日活动，构建大时间段，让大时间保障孩子们的大实践……就这样，教师在教育实践活动中，边学边做，边做边思，边思边研，边研边悟，边悟边成长。其实，这也正是幼儿园教师职后培养的主要模式——以做中学的方式实现专业成长。

第一节　改造环境，拓展游戏空间

"环境的创设和利用"是幼儿园教师专业能力的一项重要内容。除了建立良好的师生关系、同伴关系，更重要的是"创设有助于促进幼儿成长、学习、游戏的教育环境。合理利用资源，为幼儿提供和制作适合的玩教具和学习材料，引发和支持幼儿的主动活动"。幼儿园的孩子对大自然的环境有着强烈的好奇心、探索欲。大自然多变、刺激、丰富，特别是具有挑战性的环境，能最大限度地满足幼儿的好奇心和探究欲，激发幼儿产生多种多样的游戏行为，促进幼儿的发展。传统的幼儿园环境，在"平坦""安全"方面做足了文章。好好的泥土地被柏油石子硬化，自然的花草树木被钢筋水泥墙壁取而代之，无情地将幼儿与自然界割裂开来，幼儿像缸中鱼、笼中鸟一样被困于小小的天地，严重影响其身心发展。我们需要"放鸟出笼""放鱼归海"，将游戏的场地最大限度地还给孩子。为此，坚持"幼儿为本"的理念，根据3—6岁儿童身心发展规律，科学改造幼儿园环境，该拆除的拆除，该打通的打通，该凸起的凸起，该深挖的深挖，力争将环境变得更"复杂"，以满足孩子们爬上、滑下、躲藏、奔跑的需要，促进幼儿在自然的环境中自由自主地学习与发展。

案例一
草石蔬菜皆让位

改造前：这是一块种植区，北方四季分明，深秋以后气温显著下降，到来年初春之前种植区几乎都处于闲置状态，利用率较低。

改造后：将部分种植区改为沙池，幼儿每天都可以自由玩耍，大大提高了利用率，满足了孩子的游戏需求。

改造前：收纳笼和活动场地之间有块草地，它是取放玩具的必经之路。小推车到这儿就推不动了，孩子直接将玩具倒在草地上，需要二次收纳。有的孩子在这里干脆就玩起来，影响收纳进程。

改造后：将草坪改为硬质地面，方便用小车来回搬运，扩展了活动空间，更重要的是提高了收纳效率。

改造前：柳树荫下，规划凌乱，"淘趣营"无"趣"可"淘"，大部分面积没法用。

改造后：沙池成了孩子们的首选活动区，利用率大大提高。

改造前：操作方式单一。

改造后：涂鸦空间更大，平面变立体，地面便于清理。

案例二
平地"长"出小山坡

改造前：一片草地，孩子们只能跑来跑去，功能相对单一。

改造后：新建小山坡，可爬，可滚，可隐藏，挑战更大，激发幼儿创造出多样玩法。

改造前：原种植园，孩子不定期前来浇水，对植物的观察也是走马观花。进入冬季就少有人问津，大片空间不能为幼儿服务。

改造后：新建大土坡和攀爬架，空间立体使用，更富有挑战性，活动时间总是人来人往、热闹非凡。

案例三
调出多余好玩耍

　　问题情境：沙水区建好了，孩子们迫不及待地进去玩。初次玩沙，新鲜刺激，大家玩得不亦乐乎。游戏结束后，孩子们带着满身的沙子到沙池外的水管边上清洗，清洗干净才离开，沙子随后被冲进下水道。几天后，大家发现下水道不通畅了。

改造前：沙池太满，沙子溢出。池子内部没有水龙头，孩子们每次到沙池外边的小河沟取水，都会把沙子带出沙池，甚至带进小河沟。一是堵塞下水道，二是造成沙子流失，浪费资源。

改造后：调出部分沙子，沙池内增加水龙头和磨盘石，方便幼儿清洗身上的沙子并使沙子留在池内。

改造前：泥土太满，磨盘石太矮，不方 改造后：调出部分泥土，安全系数增加，
便幼儿在上面玩泥巴。孩子们万一滑倒 沙水区更受孩子们青睐。
碰到石头容易受伤。

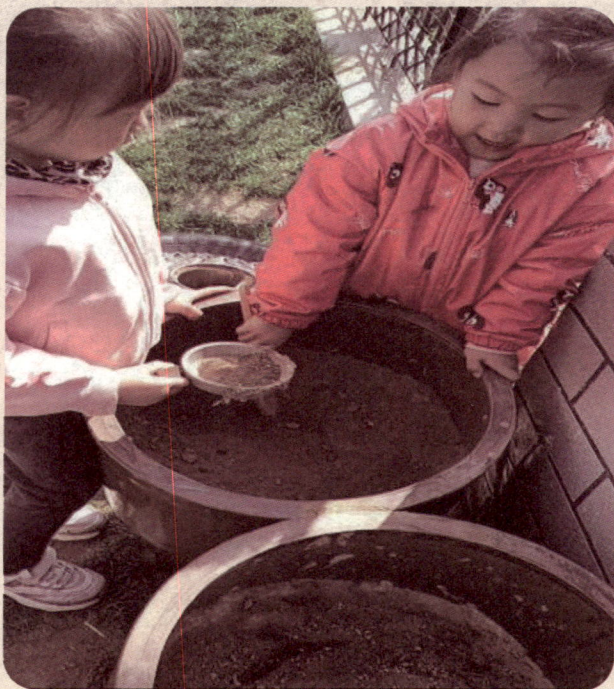

改造后：调出的泥土放在院子周边的瓷缸内，满足了小
班幼儿玩土的需要。

案例四
换个位置更方便

改造前：沙池玩具笼原存放处离沙池比较远，取用和收纳不方便。

改造后：沙池玩具笼调整到沙池内，就地取放，方便快捷，间接延长了幼儿的游戏时间。

第二节　重构作息，保障游戏时间

　　每次自主游戏，都需要有提前准备、到达活动场地、酝酿构思主题、选择材料、搬运材料、进入游戏，尝试创造、解决问题、实现梦想、收纳材料等环节。如果没有充足的时间，游戏只能是流于形式，不等开始就已经结束，因而常常听到孩子们的"老师，让我们再玩会儿吧"的央求声。户外游戏活动，也是老师组织的集体游戏，等待老师布置环境、听老师讲述要求、排队轮流玩，有时轮一遍，有时根本轮不到一遍，时间就到了，匆匆收拾器具，又会听到有孩子说："老师，我才玩了一次呢！""老师，我还没有玩呢！"这样的游戏安排，让多数幼儿沦为游戏的道具。

让幼儿真正投入游戏，就必须保证他们有充足而灵活的游戏时间，这是游戏开展的必要条件。虞永平教授说，没有大时间就没有大实践，因此，首先就从一日生活环节入手，经研究老师们将原来的 15 个环节整合为 10 个环节，构建出一个大时间段，并将"放手"理念融入一日生活。上午将入园、晨检和区域活动时间整合在一起，下午将起床、整理、午点及区域游戏时间整合在一起，以满足不同水平能力的孩子自我管理、自主选择区域或游戏的需求。比如，上午和下午的自主游戏时间都延长了。就户外活动一项，上午由原来的 60 分钟延长至 70 分钟，下午由原来的 70 分钟延长至 100 分钟。赋予幼儿游戏的自由，让幼儿在游戏中想自己所想，每个孩子按自己的想法去做，给了孩子更多自主游戏的机会。有机会探索，探索得更充分，玩得更尽兴。只有真情投入，才能诱发深度学习。

案例一
活动环节化零为整

XX 镇中心幼儿园春季一日活动安排表（重构前）

起止时间	活动内容
7:40—8:00	入园、晨检
8:00—8:40	区域活动

起止时间	活动内容
8:40—9:10	早　操
9:10—9:35	间　餐
9:35—10:05	教育活动
11:05—11:05	户外活动
11:05—11:20	餐前活动
11:20—11:50	午　餐
11:50—12:00	自由活动
12:00—14:00	午　休
14:00—14:20	整理活动
14:20—15:05	区域活动
15:05—15:30	间　餐
15:30—16:40	户外活动
16:40—17:10	离园活动

XX 镇中心幼儿园春季一日活动安排表（重构后）

起止时间	活动内容
7:40—8:30	入园、晨检、区域活动

起止时间	活动内容
8:30—9:00	早　操
9:00—9:30	间　餐
9:30—10:00	教育活动
10:00—11:10	户外活动
11:10—12:00	餐前准备、午餐、自由活动
12:00—14:00	午　休
14:00—15:10	起床、整理、午点、区域活动
15:10—16:50	户外活动
16:50—17:10	离园活动

案例二
活动内容自主掌控

XX 幼儿园一日活动安排表（重构前）

起止时间	活动内容
7:40—8:30	入园、早餐、区域活动
8:30—8:50	散　步

起止时间	活动内容
8:50—9:20	集体教育活动
9:20—10:20	户外活动
10:20—11:10	阅读活动
11:10—12:00	餐前准备、午餐
12:00—14:00	午　休
14:00—15:10	起床、整理、午点、区域活动
15:10—16:50	户外活动
16:50—17:10	离园活动

XX 幼儿园一日活动安排表（重构后）

起止时间	活动内容及要求
7:20—9:00	晨间活动、早餐、早操
9:00—9:30	集体教育活动
9:30—11:00	户外活动（活动过程中，幼儿如厕、补水、休息自己掌握）
11:00—14:10	生活活动（午餐、午睡）
14:10—14:30	起床及整理、午点
14:30—16:00	区域活动、户外活动（各班根据幼儿当天活动需求，自己安排）

起止时间	活动内容及要求
16:00—17:20	区域活动、离园

第三节　现场教研，提高收纳质量

幼儿园的教研活动是以解决教育教学过程中出现的问题为目的的。幼儿园中出现的问题多种多样，有区域规划、材料放置、时间安排等，问题种类、性质不同，解决方法也不尽相同。环境设置不适宜就改设置，场地不够就扩场地，时间安排太零碎，那就优化安排构建大时间段，减少统一活动，让老师和幼儿都有更多可以自己掌控的时间，以保证自主游戏的开展。材料收纳现场的问题，就要在活动区结合真实的问题情境，解决起来才能对症下药，提高问题解决的质量和效率。

案例一
凌乱的积木区

一、问题情境

下午，自主游戏结束，孩子们开始收拾整理积木。离收纳箱10米之内都是游戏场地，积木有长方体、正方体、圆柱体、三角体、半圆体等各种形状，体积都不大，数量却不少。孩子们有的用手搬，有的用小车运，开始都能够分类放进不同的收纳箱，快要收纳完的时候，有几个孩子开始纠结，把积木从箱子里拿出来再摞上去，倒来倒去，结果不满意，但是努力一番似乎也没有办法，只好任由积木东倒西歪散落在游戏场，然后各自回教室了。等小班幼儿到来时，他们面对的就是这散乱的一堆一片。活动结束后，小班孩子直接把积木往收纳箱跟前一丢，离开游戏场地回教室了。

二、研究步骤

1. 教师的研究

活动结束后，老师都带孩子回教室了，有的没有注意到现场是什么样子的。教研主任把积木散落一地的照片发到教师群里，大家开始讨论。大家观察照片，分析问题所在。一位老师突然说，不如把照片给孩子们看一下，看看他们有什么反应，有什么办法解决。

2. 大班孩子的研究

（1）现场观察，发现问题：收纳箱底的口子大，不适合做收纳箱。商量后决定：不用收纳箱，把积木直接靠墙摆放。

（2）讨论、制定、交流解决方案。

（3）实践验证孩子的策略。

策　略	优　势	新问题
长板横放	靠墙摆放，整齐有序	孩子们发现不容易取放
调整为纵放	便于取放	孩子们又发现排列的长短不一
按长板长度有序排列	一目了然，取放方便	

续 表

策　略	优　势	新问题
小积木分类摆放	方的、圆的、三角的分开，便于排列	孩子们发现方圆混杂，不美观
按形状分区，有序排列	更加清晰，取放方便	

分类

分类摆放

发现方圆混杂

调整方圆摆放区域

完美收官（一）

完美收官（二）

3. 教师反思

（1）这样摆放比放在箱子里更整齐有序，也和木地板等周围环境更浑然一体了。

（2）孩子们在整理操作过程中，对形状以及形状的组合有了更深刻的认知。

（3）孩子们有了给积木规划存放区域、不乱扔乱放的意识。

（4）虽然是老师在引导孩子收纳整理，但是作为老师依然是心急了，如果放慢脚步，会发现更多的学习机会，孩子的操作整理也会更深入细致。

4. 跟进策略

教研组跟进，提醒教师放慢脚步，和孩子一起测量并划分区域，贴好标识线。

（新泰市实验幼儿园　秦艳）

案例二
影响收纳的问题

幼儿园新进了大量建构游戏材料。刚开始进行户外游戏时，孩子们会一股脑地把玩具笼里的游戏材料全部搬到建构区。游戏结束后，往回搬运、收纳整理时问题产生了：因为游戏材料数量多、种类多、搬运距离远，严重影响收纳、整理材料的速度。

一、第一次教研

1. 问题分析

（1）速度慢。积木数量多，从玩具笼往外搬运时，兴趣浓厚、体力充沛，搬运过程也是游戏。收纳整理时，体力基本耗尽，所以搬运时速度慢；或者玩兴不减，边收边玩，也会影响收纳速度。

（2）不易辨。积木形状区别不明显，中小班幼儿分不清楚，即使是大班幼儿也容易混淆，致使积木摆放杂乱无章，既不美观也影响下一次使用。

（3）摆放乱。玩具笼内，积木放置位置不固定，孩子们运回来的积木，不论形状和功能，就近放置，甚至出现堆积。由此看来，材料收纳整理是一项庞大的工作，目前存在的问题需要一一解决。

2. 小组教研

主持人梁洁：我们知道，小班和中班的幼儿还不能很好地将积木进行分类，因此我们老师必须借助一定的提示来提高积木类别的辨识度，帮助幼儿认识、分类。

赵燕燕：玩具筐上贴上卡通形象的标识，我们还要在玩具笼上也贴上相同的标识，这样孩子们通过标识对应，就能找到玩具筐应该放的位置。

一回生、二回熟，时间长了，孩子们就能很快地收纳积木了。

尹新华：在教学活动中，引导幼儿按标识分类，学会——对应。在日常生活中，引导孩子们学会看标识放置物品，慢慢积累相关经验。这样在收纳积木时，孩子们就能够运用看标识的方法来收放积木，并养成收纳积木的良好习惯。

周燕：玩具笼上也可以贴上标识，这样幼儿能把玩具筐放到对应的位置，让积木收纳更加有序和高效。

解决策略：本次教研我们初步决定在玩具筐和玩具笼上贴上各种积木的图片，便于幼儿在收纳整理时按照图片——对应，提高放置的准确度。

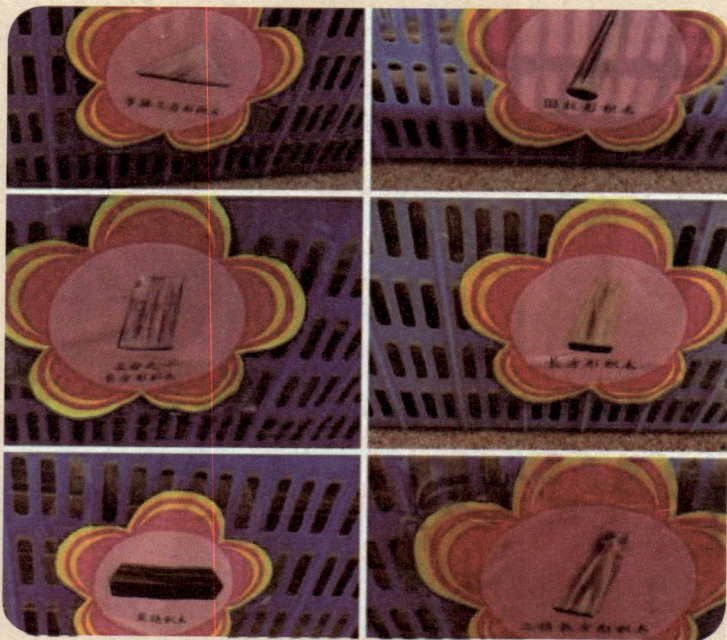

3. 新问题出现

按教师的解决策略进行实践，新的问题出现了：运输的工具有问题，装满以后不便拖运。

二、第二次教研

1. 问题分析

实践证明，按标识对应放置的方法帮助幼儿学习分类，效果很好。但是，在幼儿收纳过程中，我们发现用筐子收装积木，装满以后，幼儿搬运困难很大，费时费力，即使能够推拉动，也根本无法将整筐积木搬进玩具笼里，必须有老师在一旁帮助，这样就剥夺了幼儿练习收纳整理的机会。我们要想一想怎样最大限度地发挥幼儿的自主性。孩子既是游戏的主人，也是材料收纳整理的主人，要培养这种责任意识。

2. 小组教研

尹新华：我们可以将带轮子的轮胎投放到积木区，这样可以方便幼儿运输材料。

刘晓旭：不同区域的材料可以相互借用，孩子们也可以去篮球区拿独轮车运输材料。

周燕：为了方便幼儿取放，我们可以把轮胎车和其他各种能拉积木的工具都投放在建构区，孩子在需要时能直接拿过来用。

梁洁：我建议利用带轮的收纳箱解决问题。因为幼儿动作发展与观察范围有限，搬运过程中易出现擦伤、碰伤等问题，我们可根据建构材料和存放空间的形状、大小，直接购买带轮的收纳箱。这样一来，幼儿能轻松移动收纳箱，以便减少游戏开始与结束过程中的搬运难度。这样的做法既能解决搬运距离远的问题，还能解决材料的收纳存放问题。

解决策略：实践证明，本次教研我们将塑料玩具筐换成了万向轮收纳箱，幼儿可以自己将积木运输到游戏区进行游戏，这样可以省去老师帮助幼儿将积木筐搬运到轮胎车上和玩具笼中的时间，减少了老师的工作量，增强了幼儿收纳的趣味性和主动性。

3. 发现新问题

投放了万向轮收纳箱，收纳速度的确快了很多，幼儿的情趣集中在"跑得快"上面。但是中、小班的幼儿不能够根据木板的长短很好地进行分类整理，需要老师的帮助，出现这种现象，我们应该怎样解决？

三、第三次教研

1. 问题分析

我们发现，投放了万向轮收纳箱，收纳速度的确快了很多，因为孩子都愿意拉着箱子跑。积木区共有五种长度的木板，由于木板的长度不同，小班和中班的幼儿不能够根据木板的长短很好地进行分类整理，需要老师的帮助。

2. 小组教研

主持人刘晓旭：出现这种现象，我们应该怎样解决？

赵燕燕：应该引导孩子自主收纳长木板，解放教师的双手，锻炼幼儿的自主能力。我们可以根据木板的不同长度，做出不同的标记，这种标记要能够区分长短，比如在木板上写上数字，1代表最长的，2代表稍短一点的，等等，这样帮助幼儿借助数字区分长短分类放置，会方便一些。

梁洁：数字对于小班的幼儿来说可能会比较抽象，我们可以在木板上做出一些形象直观、适合幼儿年龄特点的标记，如各种颜色的圆点，柜子上也可以贴上相对应的圆点，这样幼儿收纳的时候好分类。

尹新华：根据木板上的标记，孩子们也可以更好区分不同长度的木板，也节省了收整材料的时间。

周燕：老师们在进行户外游戏之前，先给孩子们强调一下：标记绿色点的是最长的木板，红色点的是最短的木板……这样孩子们在收纳整理的时候能够对应玩具笼上的标识进行收纳整理。

彭文：积木是大中小孩子都可以玩的，同一种木板可以同时使用颜色点和数字进行标记。

解决策略：本次教研解决了幼儿在收纳长木板时遇到的困难。我们在木板上和玩具笼里标记了不同数字和颜色的标识，幼儿可以根据数字或颜色进行分类，提高了收纳摆放效率。

根据颜色分类收纳　　　　　　　　　　根据数字分类收纳

3. 发现新问题

有了新的收纳工具，运材料方便快捷，但也发现一个新问题，有的幼儿建构完成，筐子里还剩很多积木；有的幼儿建构没有完成，积木不够了。

四、第四次教研

1. 分析问题

关于材料的利用和收纳慢的问题，我还发现一个细节：一种情况是建构完成，筐子里还剩很多积木；另一种情况是建构没有完成，积木不够了，也没有去继续寻找可以利用的积木，就去玩其他游戏了。也就是说，有的孩子只会使用自己搬运来的积木，玩具笼里或者其他同伴那里有剩余的，他不想也不会去搬、去借，这样就严重影响了游戏的开展，使幼儿的创造性受阻，最终影响游戏水平的提升。没有好的游戏，就没有学习发生。

2. 小组教研

主持人彭文：这个问题要尽快解决。

梁洁：首先从积木收纳方面，现在是把积木装在收纳筐里，再将收纳筐放进玩具笼，这样可能误导了孩子们，以为只能一筐一筐地取材，只能用自己筐里的积木。我们可以将积木按标识直接摆放到玩具笼中，将空出来的带轮收纳箱当作运输工具，就像超市里的购物车，幼儿就可以推着"购物车"选择自己需要的积木。这样既能尊重幼儿的自主性，增加了趣味性，也支持了幼儿游戏情节的发展。

周燕：对，这样既能解决孩子选择积木时玩具筐太重、搬不动的问题，还有利于孩子自主选择需要的积木。

尹新华：幼儿自己选择完材料后也能够推着"购物车"去收整材料，真正实现自主游戏。

梁洁：另外可以录一些游戏视频，把存在的这些问题播放给孩子看，让他们自己发现问题，看孩子们有什么解决办法。

彭文：这个方法必须试一试，启发孩子学会观察周围可以利用的资源，通过自己的沟通、协商获得物品，这也是幼儿社会性发展的重要部分。

解决策略：将积木直接摆放到玩具笼里，将空出来的万向轮收纳箱当作超市里的购物车，孩子们可以自己推着购物车选择游戏材料进行游戏。材料不够用时，要学会想办法解决。

（肥城市实验幼儿园　梁洁）

┃ 案例分析 ┃

随着材料的取、运、玩、收等问题的解决，幼儿收纳整理的经验越来越丰富，收纳技巧不断持续改进。幼儿真正用于建构的时间也越来越长，游戏玩法花样翻新，游戏水平逐步提高。收纳过程中，幼儿也在不断强化数学能力、识别图形能力、整理能力、一一对应能力、点数能力、分类能力、几何形体组合能力等，社会交往、语言表达、解决问题等方面也会以不同速度实现小步递进。

教师，作为幼儿游戏的观察者、支持者，既要专注于观察幼儿游戏的进程，还要眼观六路耳听八方，发现活动过程中其他不利于幼儿游戏或影响幼儿游戏的因素。视问题大小，灵活采取不同的教研方式，小组教研、级部教研、全体教研、活动后教研、现场教研等。本案例就是采用小组现场教研，发现问题、立即教研、及时解决，最大限度支持幼儿的游戏活动，让幼儿在游戏中获得最大程度的满足，享受游戏带来的快乐。

第四节　放手游戏，支持儿童自主探索

经历即成长。放手，是近几年在学前教育界比较热的一个词。谈到放手，大家首先会想到安吉幼儿教育的《放手游戏 发现儿童》。通过学习，大家也知道了：放手不是放任，更不是放纵，这是一件说起来容易做起来很难的事。现在的家庭教育、幼儿园教育成人包办的太多，剥夺了幼儿自己做事的机会，遏制了幼儿的好奇心和探索兴趣。孩子们感知不到刚煮熟的鸡蛋有多烫，地上的冰有多滑，摔在地上有多疼；体验不到一脚踩下去溅起无数水花的快乐，帮助弟弟妹妹的满足，征服一座山坡的自豪。生活在这种环境里的孩子，除了张嘴吃饭，其他什么都不能做、不会做。经历即成长，幼儿是通过直接感知、动手操作和亲身体验来学习与发展的，所以我们的教育必须改革，老师、家长都要放手。将放手的理念融入幼儿一日生活的各个环节，让幼儿自己做事，相信放手就有精彩发生。

有理论认知不代表能实际操作，在传统教育背景下成长起来的老师、家长，不相信孩子自己能够学习，不愿意放手，不敢放手。放手以后控制不了孩子怎么办？放手以后教师干什么去？如果放手，该怎样放？顾虑重重。我们来看这样一个小插曲。

音乐响起，中班孩子们开始收纳器械，将其他材料归位以后，开始收垫子。因前一天下过雨，垫子靠近草皮的一面有些潮湿，老师说："今天不再把垫子摞起来了，将它们立在原地，晒一晒太阳吧。"孩子们七手八脚就把垫子全部立了起来，随意排列，相互支撑，并无秩序。老师说："好了，我们站队回教室吧。"于是，孩子们陆续走出活动区，开始排队。这时，有一个孩子看着立起来的垫子，大呼起来："迷宫！""迷宫？"大家纷纷回头，"啊——"一边喊着一边窜回活动区，左钻右拐，疯跑起来，有的来不及放下手里的衣服，有的直接抱着水壶，就在里面玩起了迷宫。跑了一会儿，扒着垫子伸出头瞧瞧老师，瞧瞧小朋友，再接着跑。有的小朋友喊着："好玩儿，好玩儿！"欢呼着、雀跃着，兴奋得像小鸟一样在迷宫里飞来飞去。老师们一下被孩子们这突发的迷宫游戏惊呆了……偶尔的放手，让老师看到了孩子们的游戏能力，自叹不如。

实践证明，教师越放手，孩子越开心，大家越幸福。

案例一
新玩具"驾到"

幼儿园新购的积木到货了。老师们按着园长的要求"先猜后开"，结果发现，除了少部分单元积木，很多是零散的小部件，如滑轮、支架、大螺栓、小螺栓、六角栓帽、绳子、螺丝、螺母等，如此的"零碎"也是老师们所没有想到的，这可怎么玩、怎么收啊？老师们犯难了。

于老师说："我们不是常说嘛，孩子才是游戏的高手。我们不如直接把积木给孩子，看看孩子们会有什么样的表现、会开展怎样的游戏呢？"

徐婧媛、钰钰、奇奇、大胤四个孩子最先来到大厅。钰钰拿起一块长方形的积木说："这上面有好多条纹（树木的年轮），像斑马身上的条纹一样。"徐婧媛也拿起一块三角形的积木，前后翻转地看了看上面的花纹后，接着用鼻子闻了闻说："有一种木头的味道。"她俩又围绕着其他新玩具看了看、闻了闻，最后在大厅南侧选择了一块空地，开始搭建。奇奇和大胤看到这些新的积木，发出惊叹："太帅了吧！"两个人先是围着所有的积木转了一圈，发现了不同于原来的积木——圆柱，两个人拿起来滚动了两下说："这个圆积木太重了，推不动哟。"然后两个人就地在大厅中间开始了搭建活动。

班级里的孩子们大部分陆陆续来到大厅，看到新玩具，兴奋地欢呼着，摸摸这看看那，抓起眼前散落在地上的积木就开始玩起来。一直站在一旁观察的梁园长看到孩子们都进入了游戏状态，但并没有人发现装在铁桶里面的小零部件。于是，她走到装有配套小零部件的铁桶前，将桶里面装着的小零部件倒出来一半，把剩下的一半小零部件提到场地的南侧后就一股脑儿地倒了出来，最后她站在一侧又开始静静地观察孩子们的游戏。

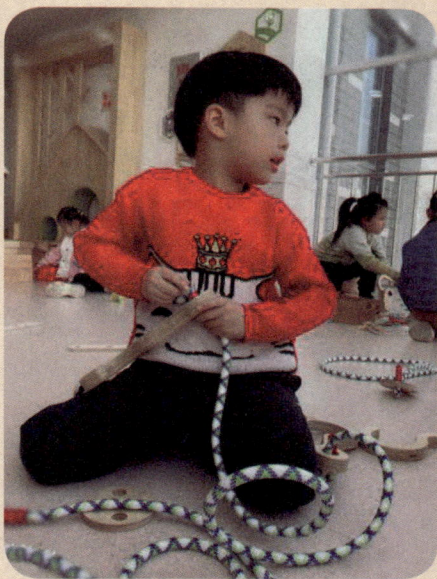

二宝选择了一条绳子和一个弯钩，用绳子穿过钩子的圆孔，再别住钩子，拿在手里玩耍。

豌豆选择了一条绳子和一个滑轮，将绳子穿过滑轮对折后挂在腰间，他说："我是粉刷匠，这是我刷油漆的工具，我是专门给高楼刷油漆的。"

李想将螺丝、螺母、滑轮和折页曲板拿到自己搭建的"厨房"中，摆在了"橱柜"上，把金属螺丝当成刀具、勺子，把彩色螺母当成水果、蔬菜。

小潘潘取了各种各样的小零部件，摆放在自己搭建的超市柜台上充当"棒棒糖"，不停地吆喝着："我这里有草莓味的'棒棒糖'，快来买呀！"

子贺和阿诚将弯钩、三孔版和绳子拿到自己搭建的"卧室"中，放在"储物柜"里充当"手电筒"和"救生绳子"。

奇奇用方形木块平铺、围合一个长方形的场地，子涵用桌面螺母的转接扣和螺丝组合了一辆车。奇奇说："你来我的修理厂洗车吧？"于是两个人一个扮演修车师傅，一个扮演司机，玩起洗车、修车的游戏。

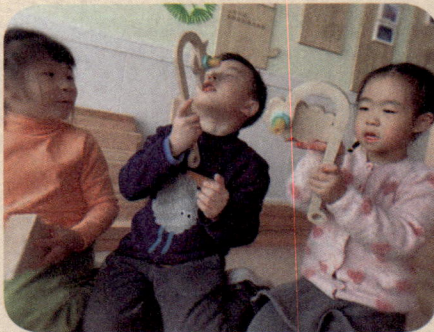

扬子还将云朵形板、鱼形板用螺丝拧在弯钩上，喂养"小宠物"。

笑笑、松果将豆沙绿的五角螺母拿到了自己搭建的"面包店"当作店面的装饰"霓虹灯"，金属螺丝充当吃甜点用的"刀叉"。

（山东科技大学幼儿园　于雷平）

| 案例分析 |

　　面对新材料的到来，园长、老师都能够沉住气，没有急于教孩子认识这是什么积木，该怎么玩，而是选择站在一边观察。平时老师总是期待孩子能将材料进行"正确"的使用。比如，曲板就是进行连接的辅助材料，连接两块木板之后要用螺母和螺丝进行固定，让孩子体验连接和组合的方式，并在积木连接过程中感受和理解连接的概念和意义。岂不知，这个所谓的"正确"，是成人的固有认识经验，如果按这个模式去引导教育孩子，看似孩子习得了高结构的知识，但是这种知识的习得是固化的、单一的，扼杀的却是无限的想象力，影响的是孩子"以物代物"的创新思维。

　　支持先探索再游戏，感知觉是儿童认知活动的开端和基础。学龄前儿童往往是用全部的感知觉去探索、了解、认识新事物。案例中，钰钰用眼睛感知积木的颜色和花纹，并马上联想到斑马的花纹，用斑马身上的花纹来表象，记忆新材料的外部特征。而徐婧媛则是用鼻子嗅闻积木的味道，将闻到的味道与记忆中树木的味道进行匹配，认知新玩具的物理特征。奇奇和大胤则是通过观察、对比发现新积木与原来积木的不同，并根据已有经验用"滚动"的方式感知圆柱体的特性，体验新材料的性能，结果感受到新材料"太重了"。孩子们通过感知觉对新材料进行探索，并获得丰富的感性经验，更全面清晰地理解新材料的特性和特点，为更为复杂的认知过程，如表征、想象、思维提供必要的、直接的材料与信息，同时为接下来的搭建活动提供经验支持。

　　教师退后给予幼儿自主探索的机会。当我们将充足的玩具材料、空间给予孩子，充分信任孩子，就如案例中梁园长将幼儿不好发现的用桶装的小零部件全部呈现在幼儿可发现、触手所及的空间里时，幼儿的表现令人惊喜。这些"滑轮、支架、大螺栓、小螺栓、六角栓帽、绳子、螺丝、螺母"等，变成了幼儿游戏中所需要的"甜品""鱼饵""超市货品""油漆桶"等，游戏内容更丰富，幼儿玩得更精彩，原来的玩具该怎么玩，全然不顾。再说，玩具就是让孩子玩的道具，只要能支持孩子的游戏，就是正确的。也正因为如此，幼儿带着好奇心去探索材料，根据游戏需要选择材料，自主使用和支配材料，在自主探索中发挥想象力和创造力，对这些小零部件赋予不同的功能和形象，为游戏注入新的元素，更加丰富了游戏的内容。教师在游戏中通过对幼儿游戏机会和游戏权利的放手以及在幼儿游戏过程中调整材料呈现的方式来支持和推进幼儿的游戏行为，两种实施态度让我们发现孩子们超出我们期待和意图的高水平学习能力。他们不仅探索体验到连接的方式，还认知到连接不仅是曲板、螺丝与螺母三者之间的连接，还有绳子与板眼、绳子与滑轮、绳子与钩子之间的连接，感受到了连接的丰富性和趣味性。

同种材料不同功能的运用又激发了孩子的想象力、创造力的发展，丰富了游戏的过程和游戏类型，让建构游戏变得更加多元，让幼儿的学习更加深刻。同时，又给予老师更多的启发，明白游戏还可以这样玩，令老师脑洞大开，深感应该向孩子学习。

教师要学会反思。当我们想给孩子呈现一个新的游戏场或者一种新的玩具材料时，往往会担忧孩子会不会玩，会不会如我们期待的那样玩，会不会有危险？这些担忧其实都来源于我们的潜意识：我们不确定自己有能力去相信儿童。幼儿天生就是游戏高手，他们对游戏有无穷尽的想象力和创造力，他们的大脑中储存着大量的游戏源泉，不断为他们的游戏注入新能量。另外，我们成人想要的是目的、是单一的期待、是一个学习结果，而幼儿所要的是体验中、过程中的乐趣和思考，是丰富多元的认知经验和知识遇见，有些遇见有可能也会是我们成人为之惊叹的！

在游戏中，无论是园长还是老师，都是站在观察者、支持者、助推者、成就者的位置上，为幼儿游戏创造放松愉悦的心理氛围，让幼儿自我主张、自我调控。为了助推幼儿的学习和探索，教师只是变换了材料呈现的方式，这一支持策略让我们看到了幼儿新的游戏行为和内容，推动了幼儿自我计划和自我行动能力的发展。

一日生活皆课程，玩玩具是游戏、是学习，观察、了解新玩具的过程，同样是探索、是认知学习。孩子对于新鲜的事物总是充满了好奇，会不由自主地凑上前去看一看、摸一摸、试一试、玩一玩，且这个自主探索的过程是投入的、专注的，获得的信息量远远超出教育想要给予的。可贵的是，案例中不论是园长还是老师，做到了放手，给予孩子自主观察的时间和尝试探索新玩具的机会，支持孩子自主游戏。

案例二
摇篮曲

午饭后，先吃完饭的孩子们陆陆续续地进入自己喜欢的区角。静静和择如还是选择了玩"娃娃家"，择如拿起一个鞋盒，放在一个红色的塑料球上，静静从身后拿出两个卫生纸芯筒放在鞋盒里。然后她俩一左一右，用手扶着鞋盒，轻轻地摇着，一会儿看看鞋盒，一会儿对视一下。大概过了两分钟，她们轻轻地把鞋盒子放在一旁，盖上一块小手绢，然后手牵手走出了"娃娃家"。站在一旁的老师怎么也没看明白，几次想问问她们在干什么，看着她们轻手轻脚的动作，欲言又止。等她们离开"娃娃家"，老师还是忍不住问了问，结果她们俩笑着看着对方，一起回答："我们在哄宝宝睡觉呢，他们睡了，我们再回房间睡。"

老师听着，瞪着眼睛，愣在那里……

| 案例分析 |

不打扰，也是一种支持。案例中的"静静和择如"是一对好朋友，经常一起玩。她们利用午饭后一点闲暇时光，用鞋盒当摇篮，卫生纸芯筒当宝宝，玩了"哄宝宝睡觉"的游戏。俩人围着摇篮相对而坐，脸上写满了欣赏与爱意，望着摇篮里的两个宝宝，轻轻地摇着摇篮，无声地哼着摇篮曲。等宝宝睡了，她们再回自己的房间休息，享受着静谧而温馨的时光。老师虽然没有读懂游戏，但是读懂了幼儿，强压着自己的好奇心没有去打扰，才成就了孩子们的游戏，让孩子们带着美好而幸福的情感，进入自己在园的午休时光。

整个游戏过程前后不过三分钟，这两个孩子玩得却是如此的认真，充分体验着生活的美好和幸福，促进了幼儿积极情绪、情感的发展。这个游戏既是自己家庭生活经验的再现，也切合幼儿园现实的时间段。因此来说，幼儿园班级环境设置和一日生活科学合理地安排，也是成就孩子们游戏的重要因素。

案例三
你想在哪里哭一会儿

户外游戏时，中班的五个小伙伴（1号、2号、3号、4号、5号，都是男孩子）又来到建构区，继续完成昨天的高台建筑，要把小安吉箱搬到大安吉箱上面去。1号先从材料区找来了一个长板，斜搭在大安吉箱上面，他们一起把小安吉箱向前翻转到长板的底部，沿着长板向上推，到三分之二处小安吉箱滑了下来，砸到了3号的脚，疼得他双手捂着脚咧着嘴差点哭出来。老师快速靠近，蹲在他身边问："很疼吧？你是想到外边哭一会儿，还是在这里边哭一会儿呢？"3号咬着嘴唇含着眼泪看看老师。老师说："没事儿，想哭就哭吧！"说着用手轻轻拍了拍他的后背。3号摇摇头，情绪明显舒缓了些。"你感觉还能继续玩吗，自己决定吧。""能！"老师退出来，他们再次把小安吉箱向上推。当小安吉箱又往下滑时，1号转身用后背顶住，并大喊："你们使劲推住，别让它滑下来！"这时2号对1号说："你先顶住，我到上面去拉。"2号迅速爬到大安吉箱上面，趴下使劲伸长手臂去拉小安吉箱，身体向前滑了一下。这时2号大喊："3号快来压住我的脚！"3号爬上去压住了2号的脚，2号用手拉，4号、5号向上推，小安吉箱终于搬到了大安吉箱上面，他们一起举起双臂欢呼："耶，我们成功了！"

| 案例分析 |

搭建高台建筑，是游戏小组中每一个幼儿的愿望，持续地搭建反映了幼儿对此游戏的兴趣。兴趣又是持续游戏的动力和毅力，3号小朋友即使脚被砸了，即使疼得龇牙咧嘴，即使有老师建议，也还是不愿意退出。3号小朋友的脚被从高处滑落的安吉箱砸到，应该是很疼的，从他的表情可以看出来。在一边观察的老师及时发现并快速靠近，蹲在他身边，这就从形式上给予了3号以关心。一句"很疼吧？你是想到外边哭一会儿，还是在这里边哭一会儿呢？"的问候，首先表达了共情，意思是我知道你的脚很疼，你是可以哭的。同时又给了3号自己选择的权利，可以在游戏现场哭，如果不好意思，也可以到游戏场地以外的地方哭，这样能够哭得放松一些、放肆一点、尽情一点，把脚上的疼完完全全地"哭出来"，难过的情绪一点不剩地宣泄出来。老师的语言表达出了对3号的理解，又从心理上给予了关爱。3号已经明确地接收到了，脚疼自然也就好多了，所以很快又投入到同伴的游戏当中，完成自己的心愿。老师既放手让幼儿游戏，又有人文关怀；既关爱幼儿的身体健康，又支持幼儿心理负面情绪的释放；在保证身体安全的同时，又支持了幼儿的游戏需求，隐性传达出"轻伤不下火线"的精神，培养幼儿的意志品质，体现出极高的专业能力和水平。

这个案例是一个多人合作游戏，游戏中大家有分工有合作，一起努力，共享成功的快乐。开始，小安吉箱滑落，1号敏锐地发现并急中生智用后背顶住。2号主动爬到上面去拉小安吉箱，并趴下伸长手臂用延长身体长度的方式，缩短手与小安吉箱之间的距离，体现了游戏中幼儿解决问题的智慧和主动性，又让3号压住他的双脚，通过固定住身体，给予他向上拉的合力，游戏过程中幼儿创造性思维得到发展。1号让4号、5号使劲推，2号让1号使劲顶住，2号让3号去压住他的脚，这些有效沟通的语言，起到了明确分工合作的作用，助推了游戏的成功。从幼儿游戏开始到结束主题明确，遇到困难不放弃，体现了幼儿坚持、努力、执着的优秀品质。游戏伙伴齐心协力，遇到困难一起克服，友好的同伴关系得到发展。游戏中，推、拉、顶、压等动作，使幼儿的耐力、力量、大肌肉得到了锻炼，身体素质得到提高。小安吉箱搬到大安吉箱上面后，幼儿欢呼雀跃，体验到了做事成功后的开心、喜悦以及自豪感。1 号、2 号是游戏的领导者，对游戏起到了推进作用，3 号、4 号、5 号是共同游戏者，积极参与游戏，共享游戏乐趣。

案例四
蚂蚁搬豆

　　户外活动时间到了，小班的孩子们开始陆陆续续地收纳玩具。最后就剩一个方形大垫子了，以前是老师和孩子们一起抬回去的。今天没等老师过来，几个小朋友就先开始拉扯着垫子往收纳箱那边运。垫子太重了，三四个孩子根本拉不动。哎哟哎哟地使劲，这下不要紧，呼啦啦招来了一大波人，他们喊道："我们来帮忙吧！"一个个热情得不得了。说着，围着垫子一周的小手，还真的把垫子拖离地面了。就在这时，一个孩子钻到了垫子底下，小手一举又钻进来几个，这下倒是把垫子高高举过头顶了。一开始站在边上的孩子也纷纷钻到垫子底下来，大家用手举着垫子往前走，不知什么时候，边走边传出来"一只蚂蚁在洞口，看见一粒豆……"的歌声。很快，垫子这粒"豆"就回洞了。

（新泰市实验幼儿园　田园园）

| 案例分析 |

　　玩具收纳，是活动结束后的一个重要环节，"能将玩具和图书放回原处"是小班健康领域的目标，这个目标的达成，需要教师和家长在一日活动中慢慢指导督促。谁玩的玩具谁收，实践证明是培养幼儿生活自理的有效策略。从案例中看出，幼儿已经有了收纳的意识和习惯，一个孩子发起，大家都聚拢过来帮忙，创新出举过头顶的办法，还自觉地唱起《蚂蚁搬豆》的歌曲。有歌曲伴随，大家热情更高，更有力量，轻松完成任务，并能在收纳中找到自己的乐趣。小班的幼儿年龄小，喜欢扎堆，喜欢模仿，别人干的事都想掺和掺和。开始收大垫子，老师和孩子一起收，当幼儿有了这个意识和习惯的时候，就慢慢后退，让幼儿自己来做，即使他们遇到点困难，老师也是旁观，并不出手相助，而是给予机会，支持幼儿自主学习、自主发展。

　　事实证明，孩子们是很能干的。这个收纳玩具的案例，有观察，有模仿，有合作，有动作协调锻炼，有体能、力量和耐力的锻炼，孩子的体质健康、智能发展都是在一次次游戏活动中发展起来的。

第五节　会玩游戏，陪伴儿童成长

　　孩子是游戏高手。每个孩子天生都喜欢游戏，愿意在游戏中嬉戏，比如常玩不厌的捉迷藏，藏的一方，既紧张，担心被发现，又享受不被发现的"小惬意"，更渴望被发现瞬间的"大刺激"。捉的一方，眼观六路耳听八方，调动自己全部的知识经验，捕捉蛛丝马迹，分析判断，将对方"捉"到，展现自己的聪明才智。一捉一藏，两个人都是从游戏中享受到紧张之后的放松与畅快，这就是游戏的魔力。孩子们不仅玩传统的游戏，也玩自己发明的游戏，就像前文的"垫子迷宫""蚂蚁搬豆"。当然，孩子们更喜欢和老师一起游戏。

会玩游戏，才有资格陪伴孩子。游戏是幼儿的基本活动，对幼儿来说，游戏也是生活，生活也是游戏。幼儿就是在自由、自主的游戏中，通过探索与发现，挖掘潜能，实现自己的学习与发展。所以，一位高水平的专业的幼儿园教师必须会玩游戏，能为幼儿提供符合其兴趣需要、年龄特点和发展目标的游戏条件，充分利用与合理设计游戏空间，提供丰富适宜的游戏材料，支持、引发和促进幼儿游戏，引导幼儿在游戏活动中获得多方面的发展。

案例一
不睡午觉的小雨

午休时间到了，小朋友们都脱衣、上床，盖上小被子，陆续进入梦乡。唯有小雨，站在床边不肯上床，因为她在家里从没有睡午觉的习惯，入园后，每到午休时间她就哭闹不止。老师试过多种方法都不见效，后来想了一个办法，对她说："不想睡就不睡吧。你自从早上醒来，就一直在用你的眼睛看书、看画、看小朋友、看老师，你的小手小脚有的时候还会休息一会儿，可你的眼睛没有机会休息，你觉得这样对眼睛来讲公平吗？你可以不睡觉，只要闭上眼睛，让它们休息一会儿。"小雨听老师这么说，小声质疑："眼睛还要休息？""是的，人身上的每一样东西都需要休息，你不让眼睛休息，眼睛就不陪你玩了。"小雨抿着嘴巴微笑着，半信半疑地闭上眼睛，不一会儿就睡熟了。

　　开学伊始，安抚小班孩子入园情绪是大多数幼儿教师头痛的问题。小班孩子入园之后，有许多习惯需要改正或养成，比如孩子的午休问题。因初次离家，没有家长在身边陪伴他们，有的不肯睡觉，有的大哭大叫。如果因此而呵斥他们，不仅无济于事，还让孩子对上幼儿园产生恐惧心理，幼儿即使暂时停止哭闹，内心也会很憋屈、很压抑。案例中的老师根据小班幼儿的认知年龄特点，用拟人化的方法和游戏化的口吻与小雨亲切地交流。以不想睡就可以不睡觉的"顺从"，引导小雨进入让眼睛休息的"游戏状态"，很快小雨带着满足与温馨进入梦乡。

案例二
鞋子排排队

　　午休前，孩子们有一个坏习惯：把鞋子脱下，顺脚一踢，弄得午休室到处都是鞋子，班上的保育员提醒过多次，没有任何效果。后来老师想了一个好方法。

　　有一天，孩子们刚上床还没躺下。老师对光着脚丫、乱哄哄的孩子们说："咱们做个游戏，看谁最先找到自己的鞋子在哪儿？"孩子指着横七竖八的鞋子说："我的在这儿！""我的在那儿！"等孩子安静了，老师又说："我给你们变一个戏法，但是请你们闭上眼睛。"孩子们一听老师要变戏法，一个个都闭上了眼睛。但是，当孩子们睁开眼睛时，他们看到的是一堆更乱的鞋子。

孩子们瞪大眼睛非常诧异。老师问："现在还能找到你的鞋子吗？如果找不到，起床后穿什么呢？"

孩子们面面相觑，一个机灵的孩子先发现了自己的两只鞋子，主动捡了起来。在他的带动下，孩子们一哄而上，"我的鞋子呢""我的鞋子在哪里"。翻来倒去、吵吵嚷嚷费了好长时间，大家才把鞋子找全了，并且沿着床沿，把它们一一摆放好。

老师侧着头把手掌放在耳边，假装在听什么，问："你们听到什么了吗？"孩子们屏住呼吸，瞪大了眼，不解地望着她。她神秘地说："我听到左鞋和右鞋一齐在对你们说谢谢呢。"听到谢谢，孩子们很开心。老师抓住教育契机，又问："刚才乱七八糟的鞋子好看，还是现在排队的鞋子好看？"答案当然不言而喻。

自此，孩子们再也没有乱扔乱放鞋子。

| 案例分析 |

刚入园的孩子，多数没有整理自己物品的良好习惯。随地乱丢是常事，如何引导孩子们学会整理自己的物品、做事有秩序呢？对已经习惯被人照顾的孩子来说，单纯说教一般效果不大。所以，案例中的老师，利用午休前的一点时间，借助问题产生的现场情境，生成"鞋子排排队"的游戏。先引导孩子们认识到"不给鞋子排队"的坏处，既不美观更不好找；再根据小班幼儿好模仿的特点，当有一个孩子找到自己的鞋子，并给鞋子排好队以后，暗示其他幼儿也给自己的两只鞋子排排队。当所有的孩子给自己的鞋子排好队以后，老师又启发大家观察、感知鞋子排队的好处，引发情感上的愉悦，再强化心理认知，将其转为行动，日复一日地坚持，慢慢养成了良好的生活习惯。

案例三
兴奋的孩子们

玩完给鞋子排队的游戏后，孩子们十分兴奋，怎么样才能让孩子们尽快安静下来呢？老师又有了一个办法：承认错误。她对孩子们说："大家刚才很开心，是不是？"

孩子们说："是！"

"如果你们很开心，那就说明我犯了一个错误，因为你们一旦兴奋了，就不会好好午休了。咱们约定10分钟，如果10分钟之内，你们都能安安静静地闭目休息了，那就说明我没有犯错误；如果10分钟之后，你们还没有安静下来，我就要去园长那里认错。"

孩子们一听老师要去园长那里认错，都很心疼老师，一起回答说："我们会安安静静休息的。"老师向他们致谢，然后强忍着笑，离开了孩子们的休息室。

| 案例分析 |

幼儿园的孩子处在各种意识能力快速发展的时期，天真可爱，可塑性强。要培养良好、有序的生活卫生习惯、自理能力和规则意识，单纯的说教效果不大。理性概念化的说教，只能让幼儿暂时服从而不是理解，不理解的东西一般来说容易忘记。有人说着、看着、逼着，幼儿能做到，转身离开这个环境，就忘记了。如果是理解了要求规则，就很容易做到。因此，针对以形象思维为主的幼儿，就要把生硬的规则要求变为生动形象的内容，通过游戏的形式，让幼儿在游戏中做，在做中悟，悟后认知到这样做的好处就愿意做了。在自觉自愿的基础上，久而久之就形成习惯了。

　　和幼儿园的孩子相处，教师需了解儿童的年龄及心理特点。借助幼儿喜欢游戏的特点将学习内容物化于游戏之中，是一种难得的教学智慧，这种智慧不是什么高学历和任教时间长累加形成的，而是需要教师对孩子进行长时间的观察、反思、分析、学习与研究，慢慢顿悟积累而来的。

案例四
墙上的小洞洞

　　午餐后老师带着孩子们散步："你们看，墙上那个洞，像什么？"

　　"妈妈的草帽。"

　　"还有呢？"

　　"吃饭用的盘子""圆月亮""向日葵""小鱼吐的泡泡"……孩子们你一言我一语地答道。

　　"老师，你说，它到底像什么？"

　　"你们说它像什么，它就是什么！"

"那个洞是怎么来的呢？"

"是谁砸的吧？"

"是壁虎的家吗？"

"不对，壁虎住在墙缝里。"

"我们幼儿园没有墙缝，所以壁虎就挖了个洞洞。"

"是蜘蛛吗？"

"不是，蜘蛛会织网，它是住在网上的。"

"是外星人打的吧？"

"啊，外星人？"

"我见过外星人。"

……

一个洞洞引发的话题越扯越远了。

┃ 案例分析 ┃

幼儿的学习是以直接经验为基础，在游戏和日常生活中进行的，要珍视游戏和生活的独特价值。其实，对于幼儿园的孩子来说，游戏与生活是不分家的，生活也是游戏。老师善于把幼儿的发展目标融入到生活或游戏的一点一滴当中，抓住午餐后散步的机会，借助墙上的一个小洞洞，引发孩子的联想，让他们各抒己见，有讨论、有交流、有辩论，思维不断碰撞出火花。该活动促进了幼儿观察与想象、思维与表达的发展，培养了善于关注探索生活环境的良好习惯。

幼儿园教师所面对的教育对象年龄小，身心都处在发展初期，而且是各种心智发展的关键期，生活经验少，生活能力较低，因而造成了幼儿园教师工作的高付出。这也恰恰给了教师更多"创造"的机会。教师退后观察，支持儿童自主游戏的同时，和幼儿"斗智斗勇"，在不断迎接幼儿挑战的过程中，也实现着自己的成长。

第六节　静心观察，乐享职业幸福

　　观察儿童，是一名合格幼儿园教师的核心能力之一。随着幼儿园教育的深入改革与发展，对教师专业素质的要求越来越高。幼儿园教师专业素质的核心就是了解幼儿，有效地帮助幼儿学习与发展。观察儿童是了解和理解儿童的第一步，也是幼儿园教师最重要的专业能力。没有观察就没有发现，没有发现就无法了解儿童，不了解幼儿的已有经验和兴趣需要，就不能提供适宜的教育和指导，"以学定教"就是一句空话。

　　先学后察，才能会观能察。在实践中，常常听到老师们哀叹"我不会观察""我怎么就没看见呢""我怎么不会分析呢""我怎样介入""怎样指导""怎样引导深入学习呢"。主要原因有二：一是没有找到观察的场域和切入点，二是不了解儿童，就是说脑子里没有儿童发展的知识，不懂儿童的年龄特点和学习方式方法，不了解幼儿的兴趣爱好和发展水平等。因此，即使天天在孩子堆里转，对他们的言行也还是视而不见、听而不闻。要想会观察，就要先学习丰富的相关理论知识，培养自己的观察意识和观察能力，通过日常生活，了解儿童的兴趣爱好。实际上，儿童在自己喜欢的游戏中是最放松的，表现也是最真实的，因此游戏像一面镜子，可以映照出儿童身心各方面的发展。所以，幼儿园教师需要多在游戏里观察儿童，了解儿童，研究儿童，积累相关经验。经验越丰富，越了解儿童，就越有观察的兴趣和动力。观察越深入，获得的惊喜越多。如此循环，教师们慢慢地就能够很清晰、很全面地了解儿童的已有发展水平、兴趣和今后发展需要。至于要不要介入、什么时候介入，需不需要指导等问题，也就迎刃而解。

撕不断的透明胶

乐乐是小班的孩子，才入园两个多月，喜欢在美工区里玩粘粘贴贴的游戏。

自由活动时间，他早早地跑到美工区，想利用废旧纸盒和卫生纸芯筒制作小汽车。先拿起胶水在纸盒上涂抹，再把一个卫生纸芯筒粘上去，然后就举起盒子来看效果，结果卫生纸芯筒掉了下来。他又重复前面的动作，把卫生纸芯筒再粘上去，拿起来一看，又掉了。于是，再粘，反复几次都是无济于事。这时，他看到其他小朋友用透明胶带，也改用透明胶带。只见他两个手指捏住胶带，拉出一段，用力一扯，扯不断，再使劲扯，结果是越扯越长。拉得长了，胶带不是粘在手上就是相互粘在一起，他又用一只手去撕另一只手上的胶带，结果是扯得更长，但就是扯不断。这中间，他没有着急，也不求助。站在一边的老师就静静地看着。

过了一会，当两只手都粘满了胶带再也动不了了，他举着双手转身对老师说"看"，脸上有点儿无奈。

老师："怎么变成这样的？"

乐乐："太粘了。"

老师："怎么办呢？"

乐乐："我没法拿剪刀了。"

老师："谁能拿剪刀呢？"

乐乐举着两只手冲着老师笑笑："老师！"

老师拿过剪刀帮助乐乐剪断与透明胶圈的连接，又把两只手之间的胶带剪断，说："其他的自己来吧。"随后，老师把透明胶圈全部换成了带锯齿的胶盒，孩子们用的时候扯一点在锯齿上一顿，就能扯断，另外还给美工区投放了比较厚一点的双面胶，还提前剪成小段，这样小班孩子用起来就比较方便。

活动后教师反思到：第一，小班的幼儿手部肌肉的力量比较弱，协调性也比较差，还没有扯断透明胶的能力；第二，幼儿没有使用透明胶带的经验，不会使用胶带盒边的齿条；第三，幼儿的学习具有模仿性，在操作过程中同伴之间会相互模仿。

| 案例分析 |

案例来自小班的美工区，乐乐想做一辆小汽车，选用了纸盒、卫生纸芯筒，这两样东西都是比较硬的，用胶水粘不住，所以乐乐看到同伴用胶带，也用胶带。乐乐既没有使用胶带的经验，手部肌肉力量又太小不足以扯断透明胶带，所以才造成了把两手粘在一起的状况。开始老师发现了，并没有直接介入，而是继续观察，看看乐乐怎么来处理这件事情。其实，乐乐反反复复拉扯透明胶带的过程，也是一个对材料探索的过程。通过实验探索，他初步了解了透明胶带的特点，积累了使用透明

胶带的相关经验。下次再遇到类似情况，他首先要思考：要不要使用透明胶带？如果用，怎样才能不被粘住双手？

老师在观察中了解到，小班幼儿手部肌肉力量小，缺少使用透明胶带的经验，又根据这一特点，进一步反思到"小班美工区投放透明胶带不太适宜"等相关问题，并据此对小班美工区的材料进行了调整，以更适应小班幼儿的操作使用。

本案例教师一次观察有三点所得：第一，小班的幼儿手部肌肉的力量比较弱，协调性也比较差，还达不到扯断胶带的程度；第二，幼儿没有使用胶带的经验，不会使用胶带盒边的齿条；第三，幼儿的学习具有模仿性，在操作过程中同伴之间会相互模仿。如果教师长期坚持观察，那么掌握幼儿的实际能力水平、分析判断自己的教育策略适宜性，就不是很难的事了。每一次观察发现问题，及时跟进调整，这就是成长。

案例二
我要飞起来了

小羽是小班学期末才转来的。刚来时，从她眼睛里看到的都是怯怯的。

一天午饭后，她把自己的餐具收起来放到指定的大盆里面，转头就问一旁的老师："我放得对不对？"下午，收完积木，她跑来问老师："我这样放是不是很好？"慢慢地，老师发现她是一个很特别的小女生，不论做什么事情，她都要问老师："我做得好不好？"有时候老师不在身边，她会跑过来拉着老师去看她做的事情，一定要得到老师的评价才行。而且，她特别在意别人的想法、看法。如果有人说她不好，她就会特别伤心，情绪很低落。

　　恰好当时是家访月，于是老师就这个情况向孩子妈妈做了专门了解。原来，小羽有哥哥，还有妹妹。爸爸妈妈一忙起来，就很少顾及到她，每天想着就是把她赶紧送到幼儿园，她感觉爸爸妈妈不喜欢她。所以，她总觉得她每件事情都要做到完美，爸爸和妈妈才能关注到她，才会爱她。了解到孩子的情况后，老师当即建议，家长无论多么忙，每天也要抽一点时间专门和小羽玩一会儿，跟孩子多沟通，多交流，让她感受到自己和哥哥、妹妹一样，都是爸爸妈妈的孩子。但是，效果不明显，老师发现小羽的情绪还是时好时坏。

　　之后，幼儿园开始了自主游戏，购进了很多安吉游戏的大型玩具，孩子们都很喜欢。老师特别留意小羽，发现小羽特别喜欢综合区的滚筒。刚开始玩的时候，她上不去，有小朋友说："上不去，我们去搭滑梯吧！"她就跟着去了。玩了一会儿，她还是想回来玩滚筒，但又担心同伴不高兴。老师靠近她说："小羽，想玩就去玩吧，怎么玩都可以！"听了老师的话，她回到滚筒区，开始玩滚筒。老师发现，其实她想上去，但是害怕做不好。"没事儿的，试试吧。"听了老师的鼓励，她先是骑在轮胎上，借助身体和手部的力量转动滚筒。两天之后，她自己想办法，在滚筒的前后各放一个轮胎稳定住，她再爬上去。练习了几次之后，她慢慢地把轮胎拿掉，也能上滚筒了。她双脚站在滚筒上，滚筒匀速向前行进，她双脚不断交替随着滚筒前行的节奏向后匀速倒退着走，两条胳膊自然前后摆动，协调整个身体保持平衡。滚筒沿着黄线向前大约走了两米，她看到前面有小朋友在游戏，于是控制滚筒停了下来，尝试转向。她先试着向左转了一下，但又转了回来，两脚平行稳稳地站立在滚筒上，回到了原来的方向；接着她又以右脚为中心，慢慢移动左脚，把左脚转了个180

度，转身变换了方向；之后她继续站在滚筒上，有节奏地向前行进。今天她学会了在滚筒上变换方向走，自己很骄傲，整个户外1小时她一直在自信地玩着。

上去、下来，从1步到5步到10步，再到自如地行走、转弯，从刚开始的轮胎滚筒，到后来的安吉滚筒，她是班里第一个很自如地走滚筒的小朋友。她变得越来越开朗自信。她还带动了班里其他小朋友一起玩走滚筒，特别自豪。有一次她站在滚筒上走得飞快，开心地跟我说："老师，我感觉我要飞起来了。"

在一个月的综合区游戏过程中，老师每天都会把小羽的游戏视频发给她的妈妈。在游戏分享环节，老师也会让她说一下自己玩滚筒时遇到了哪些困难，如何克服的，并把成功的游戏经验跟小朋友们分享；同时也会让她把游戏故事带回家跟爸爸妈妈分享，增加亲子交流的话题和机会。现在的小羽再也不会问自己做得好不好了，她能够坚持自己的想法，愿意去挑战各种游戏，经常是游戏小组的领导者，阳光自信，闪闪发光。

每当反复地品赏着小羽的视频，看着她的转变与进步，老师满脑子就两个字——"幸福"。

（新泰市实验幼儿园　常广云）

┃ 案例分析 ┃

案例中的小羽常问"我做得好不好"，开始老师以为是她刚转学，和老师、小朋友不熟悉的缘故。后来发现她事事都要得到老师的肯定，如果有人说不好，她就会特别伤心，情绪很低落。老师看到这种现象，进行了进一步思考与分析，凭着职业敏感发觉：这样的表现不正常。于是，老师就重点观察了小羽在园的一言一行，然后带着问题，有针对性地进行了家访，了解到小羽这种表现背后的原因："家庭中被忽视，甚至自感有点儿多余"，受到了冷落。为求得父母的关注，小羽形成了事事要求做到最好的心态，同时给自己心理上施加了很大压力。长此以往，有可能会养成做事极端的性格。老师当即给家长直接提出建议，尽可能多地陪伴小羽，让她感觉自己也受到父母的关爱，建立"自己也是爸爸妈妈的孩子"的认知。

回到幼儿园，老师更是对小羽多关心、关注。当观察到小羽想玩滚筒，又担心同伴不高兴时，老师就鼓励她："想玩就去玩吧，怎么玩都可以！"老师的鼓励，给了她尝试的勇气。从借助轮胎爬上滚筒到自己上滚筒，从走1步到走10步，再到轻松自如地正着走、倒着走，终于成了班里第一个很自如地走滚筒的小朋友，并带动了班里其他小朋友一起玩走滚筒，她因此特别自豪。从慢慢走，到走得飞快，再到"感觉我要飞起来了"，此时此刻要飞起来的不仅仅是身体，还有压抑许久的心情。现在的小羽再也不会问老师"我做得好不好"了，她已经清楚看到了自己不仅可以做事，而且还能够做到最好；不但自己掌控走滚筒，还能帮助同伴学习走滚筒，在滚筒上自由自在地游戏。小羽重新认识了自己，提升了自我认知的能力。

教师的细心观察，发现了小羽"不寻常"的表现，凭借职业敏感分析判断出这种表现不正常，背后必定有原因，带着问题及时家访探寻原因，找到原因，及时给家长提出针对性建议。每天把小羽在园的视频发给家长，帮助家长了解小羽，关爱小羽，最终转变了小羽，让她变得能够坚持自己的想法，愿意去挑战各种游戏，时常在游戏中处于领导者的位置，越来越阳光自信，健康快乐，闪闪发光。小羽的个案，让老师清楚地肯定了自己的职业素养，坚定了自己的专业方向，进一步收获了家园沟通的经验。每每看着眼前一个个的"小羽们"，老师心中涌起了满满的幸福。

案例三
爱哭的淼淼

　　淼淼从小班一入园就有点儿特别，遇到不合自己心意的事情，就会歇斯底里地大哭，有时坐在地上哭，有时躺在地上哭，老师劝、小朋友劝……无论谁劝、怎么劝都没有用，他沉浸在自己的发泄里不能自拔。老师只能无奈地求助家长，而家长说："在家也这样，只能等着他哭完。"到大班后，淼淼哭的频率低了一点，但是对他的告状声却越来越多："老师，淼淼说脏话。""老师，淼淼打我。""老师，淼淼说我是便便。"……平时老师上课时他基本不举手。自由活动时，他经常一个人转来转去，不和小朋友一起玩。

　　幼儿园推广自主游戏，丰富的游戏材料吸引着孩子们的眼球，孩子们像久旱逢甘霖一样，尽情享受着户外1小时的时光。老师发现淼淼静了下来，每次户外活动，他总是提前做好计划，找好需要的材料，就开始全神贯注地搭起来。有一次在综合区，他用滚筒、木箱、木梯、轮胎等搭了一座隧道大桥。开始时，滚筒总是滚动不稳，他就在滚筒两边各放上两个轮胎固定。这时有小朋友运来小人字梯，他就和小朋友一起商量木梯的用法，达成一致了，再继续搭建。等心目中的隧道大桥完成了，他又找来自行车，骑着从隧道里钻来钻去。他的这一举动吸引来其他同伴的围观，有小朋友说："淼淼，我也想钻一下隧道，好吗？"他爽快地答应了。于是，一支浩浩荡荡的骑行队伍开始一起过隧道，场面非常壮观。后来，他主动地向所有小朋友开放隧道，还自觉地站在旁边保护别人。

老师也被这壮观的场面吸引，拿着手机赶紧拍录。淼淼看着自己的游戏如此被欣赏就更加投入。一会儿，淼淼乘着滚筒朝着隧道"飞"过来，弯下腰想直接过隧道。快到隧道洞口时他发现，人太高过不去，立刻从滚筒上跳下来，用双手推着滚筒钻过了隧道，还不忘记提醒骑行的小朋友："大家慢慢骑啊。"

在游戏分享环节，老师有意请淼淼到集体面前讲述。他用清晰而洪亮的声音给大家讲述搭建过程，语言表达能力也不断提高。逐渐地，班级里听不到关于他的告状声了，取而代之的是淼淼每天早晨的笑脸和"老师好"的问候；听不到他那歇斯底里的哭声了，而是站在集体面前滔滔不绝的讲述声；在每次的分享中他体验到成就感，小脸上显示着自信与自豪。老师表扬他提醒大家"慢慢骑"，他的脸上闪过一丝羞涩。毕业前，幼儿园组织家访活动，老师把淼淼的变化讲给妈妈听，听惯了负面评价的妈妈边笑边流着眼泪说："老师，你不知道我多么的担心他上小学，第一次听到老师说他如此优秀，我感觉太幸福了，谢谢老师！"

（新泰市实验幼儿园　曹欣）

| 案例分析 |

案例中的淼淼开始的种种行为都显示出了"自我中心"的个性，自己的需要稍微得不到满足就大哭不止。自主游戏开展以后，老师发现淼淼的注意力被转移了，能量有了释放的途径。游戏中的他，比一般的孩子有想法、有主意、有策略，常常指挥着大家如何做。当有同伴央求加入他的游戏时，他感觉到自尊心被尊重了，所以爽快地答应了。看到老师一直在拍摄，信心大增，玩得更投入。老师在回看视频时，看到他站在隧道口主动保护别人的细节，觉得特别感动。在一次次回看中，老师听到里面有一句话是淼淼说的，他提醒大家"慢慢骑啊"。第二天，在游戏分享时，老师特别表扬他提醒大家"慢慢骑"，对他关心小朋友的行为表现予以肯定。听后，他的小脸上闪过一丝羞涩，说明老师的表扬触动了他内心的柔软，这将会激起他关爱同伴的积极情感，改善他的同伴关系，同时极大巩固他关心爱护同伴的行为。

教师还发现，投入自主游戏后，好多孩子都发生了变化，这也引发了老师儿童观、教育观的改变。老师看到了"淼淼们"在游戏中的表现，认识到每个孩子都是有能力的学习者，开始反思以前教育模式的弊端。有多少孩子的天性被束缚、多种潜能被深埋，教师在课堂上教的那点所谓的知识是多么可怜，和孩子自己在游戏中获得的经验、得到的发展相比真的是九牛一毛。这一认识，深深地刺痛了一名幼教工作者的心，老师在深深的自责中，幡然顿悟，明确方向，坚定了幼儿园以游戏为基本活动的道路，思考着，为了支持孩子在自主游戏中玩得更好，自己该怎样努力。

观察，是教师了解、理解儿童的有效途径，教师因观察而了解，并以个性化的方式支持不同儿童的需要，促进儿童个性化发展。但是，在日常教育活动中，老师也会遇到很多现实的问题，如面对全班几十个行为、经验各不相同的幼儿，往往会感到无从下手，观察这一个，其他的不管了吗？全班都要观察，如何看到某个幼儿的连续活动过程？这也是教师观察遇到的首要问题，这就要求教师要根据近期的安排和需要来有策略地观察。

一是观察要有重点。在某一个时段有一个观察重点，如重点观察某个、某几个幼儿的行为，或者是观察全体幼儿某个方面的行为，等观察问题解决了，再换一个观察重点。如案例二中的小羽，事事都要求得到老师或周边人的肯定，极度不自信。5—6岁的儿童正是自我认知建立的关键时期，如不及时帮助她，任由她这种表现发展下去，极易形成不自信、甚至爱讨好别人、取悦别人的性格，这种性格会严重影响她今后的学习与发展。所以，老师一旦发现，就必须立即优先重点关注。案例三中的淼淼，他以自我为中心、稍不如意就大哭的行为，不但影响自己，更影响到整个班级的生活和学习，遇到这种情况必须首先观察并予以解决。

二是注重细节。这也是观察中应该特别注意的，因为细节中往往蕴含着重要的信息。在一次大班的美术活动中，一名幼儿画了一个人，画面上的人物看上去高大、魁梧，很英俊。一会儿，老师再走到这个幼儿身边时，却发现整个人物已经是面目全非，被一团又黑又乱的线条覆盖。老师以为孩子想废弃这幅画了，就问："你为什么不要了？""没有不要啊！"孩子说。"那为什么画成这样？"老师又问。"这是消防员刚从火里面救人出来！"孩子答道。教师单凭这个细节就可以了解到幼儿的想象力是多么丰富。从这里教师还可以得到另外的启示：观察单凭"看"是不够的，还要"听"和"问"。"看"，只能看到幼儿在做什么；"问"和"听"才能够知道他们在想什么，为什么这么做，才能让老师真正走进幼儿的内心世界，了解孩子的真实能力水平，掌握教师所需要的第一手资料。各方面的信息资料积累多了，自己的经验也就丰富了。

三是多拍多录。观察，仅靠一双眼睛是不够的，还需要利用手机、纸和笔。手机可以拍，可以录，将游戏过程全记下，然后有时间再反复观察、倾听、记录，哪怕是简简单单的几个字，也会为以后的分析与思考留下依据。如果只是看看、问问，而不记录，其效果是不显著的。所以，教师既要眼勤，又要手勤，幼儿活动时重点拍，抽空反复看，每看一遍都会有不一样的发现。淼淼提醒"大家慢慢骑"的言语行为，就是老师在反复观看时发现的，第二天及时的表扬，对促进淼淼的转变起了很大作用。记录不仅能给我们留下宝贵的信息与资料，而且有助于我们进行深层次的分析与思考，对个人理论的建构、提升或实际教学行为的修正都具有极高的参考价值。

四是分工合作。一个班的教师要分工明确，哪位教师重点观察，哪位教师协助观察，哪位教师重点负责安全等，首先要保证幼儿游戏、活动的安全顺利。

总之，观察是幼儿园教师最重要的专业能力，也是教师专业成长最重要的途径之一。作为一名幼儿园教师，在日常的教育教学中能够做到"观现象""察原因""思策略""会实践"，这就具备了专业成长的能力。长此以往，养成观察的习惯，并在教育教学实践工作中不断积累观察的经验，从而提高自己的观察能力，将会在专业成长的道路上越走越远。

第四章

游戏中的家长成长

　　家庭是孩子生活的第一个场所，也是这一生当中最重要的场所。家长是孩子的第一任老师，也是其终身的老师。与孩子相遇是美丽的缘分，花开有声，成长有径，处在身心发展关键期的孩子，需要家长精心引导和栽培，为他们提供适宜成长的土壤，在他们的幼小心田里埋下真善美的种子，助推他们成人成才。随着年龄的增长，孩子的学习与发展需求也多起来。家庭不能够满足孩子需求的时候，孩子走进了幼儿园。孩子未入园以前，家长更多的责任是养育。入园以后，家长也多了一个身份，即教师的同盟者、合作者。这就要求家长要了解幼儿园教育教学的规律和特点，知道幼儿的学习方式方法是怎样的，理解幼儿的学习方式和特点是以直接经验为基础，在游戏和日常生活中进行的。在第一章中，从家长对游戏的理解来看，家长最看重的是游戏的娱乐性。其次，认为游戏对幼儿学习与发展有促进作用，看重的是游戏对幼儿智力的开发作用。可见，家长的理解还是有些片面。这些想法是可以理解的，家长送孩子入园，主要是为了让孩子学知识、长本领的，每天上课、学习、算数、识字就是家长所期待的幼儿园教育模式。殊不知，游戏才是幼儿的基本活动，幼儿园的教育教学是以游戏为基本活动开展的。因为游戏是最符合幼儿身心发展特点的学习活动，也是幼儿社会化的重要途径。幼儿在游戏中通过对材料摸一摸、看一看等操作，直接感知、亲身体验，获取对周围事物和生活的直接经验，这正是其他一切学习的基础。幼儿选择的游戏都是切合自己的兴趣爱好，是自己发展需要的，幼儿在游戏中的学习是积极主动、轻松愉快的，这正是幼儿园教育教学活动实施的依据。幼儿学习与发展是持续连贯、随时随地都可能发生的，仅仅依靠幼儿园是不够的。家长理解幼儿园的教育要求，并与教师统一认识、达成一致、形成教育合力，才能给幼儿提供一个温馨、适宜的教育环境。有了这些理解做基础，家长不仅学会了将游戏精神融入家庭生活，还主动参与孩子幼儿园的活动，近距离观察孩子的表现与能力水平，与幼儿园一起实施科学保教，在与孩子的互动中同学习、共成长。

第一节　将游戏精神融入家庭生活

当今家庭中，多是成人多孩子少，空间有限，不便开展大型游戏活动，开展一些语言类、肢体类、轻器械类的小游戏还是可以的。内容可由孩子依据兴趣爱好自己选定，也可针对孩子发育缓慢或者存在的缺点，由家长设计游戏，将一些幼儿应该懂的道理及要求融入生活游戏，让生活具有游戏的味道。亲子游戏，幼儿更乐意参与。活动中的幼儿状态积极、心态放松、表现最真实，优缺点显而易见，便于家长全面掌握孩子的发展水平，为下一步实施针对性教育提供新的依据。故事表演、生活情境模仿是最常见的游戏，借助家长身高、肢体的弯转曲折开展的运动游戏也很受孩子欢迎。还有餐桌乒乓球、客厅吊打羽毛球等，对促进幼儿身体运动、积极情感发展很有帮助。家庭生活游戏，在培养幼儿遵守规则、学会轮流与等待、正确面对输赢等方面，比幼儿园游戏效果要好得多。因为家庭生活中的他可以耍赖，而游戏中不可以。在对他百依百顺的家长面前，遵守规则需要强大的意志力，又因有游戏情境的约束就比较容易些。当遵守规则、轮流等待、输赢乃游戏常事等认知变为自觉行动时，就说明这些优秀的个性品质已经变为他们身上的一种素养和能力。

案例一
扶奶奶下楼

　　3 岁的睿睿入园了，家离幼儿园很近，步行也就 10 分钟，一般都是奶奶接送。来回路上睿睿喜欢自己跑。上下楼梯和过马路经常会遇到危险，让奶奶很犯愁。

　　一天，奶奶送睿睿去幼儿园，睿睿开了门就快步下楼。他身体前倾，腿脚却跟不上，差一点儿摔倒，幸亏奶奶伸手拉住。等站稳了，睿睿挣脱奶奶的手，又自己走，没走几步又差点儿摔倒。奶奶想领着他一起下楼，他说什么也不愿意。

　　"哎呀——"听到奶奶的声音，睿睿停下脚步，回头看奶奶。"我的腿好疼啊，谁来扶着我？"奶奶皱着眉头说道。"我来吧！"睿睿说着转身上楼，用小手抓着奶奶的衣服角说："奶奶，你慢一点啊。"就这样，睿睿扶着奶奶下楼了。来到马路边，站在斑马线跟前，望着来来回回的大汽车、小汽车、自行车、电动车接连不断，奶奶说："这么多车，我都不敢过马路了，怎么办呢？""奶奶，这个你都不敢吗？""是啊，这么多车，怎么过啊？""奶奶，还是我扶着你过吧！""谢谢睿睿！"睿睿拉着奶奶的手，非常认真地边走边说："过马路的时候要先看看，没有车的时候再过；要是有车的时候，你就要等一等。"说着，抬头望一望奶奶，奶奶也非常谦虚地点点头，表示记住了。就这样睿睿"扶着"奶奶安全过了马路。"有睿睿真好，以后奶奶过马路就不用怕了。"听了奶奶的话，睿睿的头抬得更高、步子更大了，而且每次过马路都会认真地"照顾"好奶奶。

| 案例分析 |

案例中的睿睿只有 3 岁，上幼儿园是他初次离开家庭，迈入社会。"外面的世界很精彩"，走出家庭见到的一切对他都有着强烈的吸引力，他出门就想跑，愿意到处看看。但 3—4 岁的孩子腿部大肌肉发育还不完全，力量不足以跟上他放飞的心情，上下楼梯经常会摔倒，自己抢着过马路更是危险多多。多次的说教没有效果，于是奶奶转换思路，和睿睿玩起角色游戏来，让睿睿扮演能力强的教育者的角色，奶奶扮演弱小需要帮助照顾的角色，既满足了睿睿热心帮助别人的心愿，也让他觉得自己真的长大了，能力"很强"，可以帮助别人了，同时也是对遵守交通规则的一种强化。从睿睿"照顾奶奶"的一言一行可以看出，对于上下楼梯、过马路应该注意的问题，他是知道的，但因为年龄小，行为能力、身体自控能力还比较弱，跟不上思维认知的发展。这种发展的不平衡性，在生活中容易发生危险。既然他已经懂得相关道理，家长再反复说当然没有效果；做不到属于行为能力，那就从行为强化方面入手，采用游戏化的方式，引导睿睿将认知物化为实际行动，在日复一日的练习中固化行为，逐渐养成良好的行为习惯。

案例二
一盒巧克力

乐乐和一诺是表兄弟，一个 4 岁半，一个 5 岁。一天，两家六口人一起到姥姥家玩，姥姥拿出一盒包装完整的巧克力给他俩。拿过盒子一看，乐乐把头转向妈妈问道："怎么拿出来啊？"没等乐乐的妈妈开口，姥姥赶紧插一句："想吃吗？想吃自己来。"妈妈张了一半的嘴巴赶紧闭上了。他俩互相看了一眼，同时转向爸爸妈妈，爸爸妈妈意会姥姥的意思，同时摇了摇头。一诺说："我们自己来吧，可以从哪里打开呢？"两个人开始研究起来：巧克力盒子是长方体的塑料盒，密封口是用一圈透明胶带粘住的，几乎看不出来。两个人你找不到递给我，我找不到递给你。几个来回，一诺忽然说："好像是这里。""我看看，是这里。"密封口是找到了，还是不知道如何启封。用手指抠了半天不行，于是两个人开始在各个房间里找寻，一诺找来了夹茶杯的夹子，乐乐找来了削皮刀，都打不开。两个人嘟囔着："怎么办呢？"一诺的妈妈说："打不开就不吃了呗。""不行！"两个人同时反对。这时，乐乐看到了爸爸的钥匙，于是两个人开始用钥匙的尖头撬，后来又发现了小剪子，开始用剪子剪。稍一用力，盒子就跑了。"你给我摁住，我来剪。"一诺说。"好，别扎着我。"乐乐答道。终于用小剪子把胶带都切开了。姥姥又说："先别打开，猜猜里面有几颗巧克力？"因盒盖上的商标挡住了大部分，两个人拿着盒子上看下看左看右看，5颗？6颗？8颗？爸爸妈妈们也参与进来一起猜。到底谁猜得对呢？打开盒子，发现里面原来是上下两层，他俩都没有猜对。到底有几颗？怎样才能数得准呢？两个人商量着，全部拿出来，排成一排点数，原来有16颗。刚想开始吃，姥姥又说："我们一共有几个人？怎么分呢？""一人3颗吧？""一人4颗吧？"两人说着，就往大人手里分，刚送出两个人的，就发觉问题：剩的不多了。"不行，这样分不够。"于是，要回来重新分配。一诺爸爸说："看看一共有几个人？一共有几颗巧克力？"于是，两个人又开始在桌子上分：姥爷的，姥姥的，边分边排队，后来发现，每人两颗刚刚好。"耶！终于分完了。"

一直观看的姥爷说话了："吃颗巧克力真不容易啊。"

| 案例分析 |

案例中的乐乐和一诺年龄差不多，因亲戚关系，经常在一起玩耍，可以说是一起长大的。从两个人研究巧克力盒子、分头找工具、尝试用工具打开盒子，到猜数量、验证猜想、给全家人分巧克力，整个过程都是商量着来，可以看出两个人遇到问题都善于观察、愿意尝试，在解决问题的过程中合作意识很强，配合比较默契。

一盒巧克力，拿来打开直接给两个孩子吃掉，也是人之常情。但姥姥没有那么做，而是紧紧抓住这个年龄段孩子"喜欢好吃的""好奇、喜欢探索"的心理特点，借助"实际情境和操作"，引导乐乐和一诺通过观察、分析、尝试、猜想、验证等多种方法，请孩子自己动手吃到了心仪的巧克力，还不忘与家庭成员一起分享。姥姥的方法，既没有直接把盒子打开招待客人，也没有不闻不问，而是采用启发、提示、积极互动，引导两个孩子不断地去尝试、探索，经过种种努力终于打开了盒子。在这个过程中，孩子们得到了很多启发，如遇事要积极思考、动手尝试才能解决问题等；在无法看到事物全部的时候，可以去观察、想象、分析、推理；能看到的未必就是正确的，还需要全部展开进行验证。科学探索就需要这样求真的态度和方法。

"初步感知生活中数学的有用和有趣"是幼儿园数学学习的目标。4—5岁的孩子也正是处在数字敏感期，多为他们选择一些能操作、多变化、多功能的玩具材料或废旧材料，在保证安全的前提下，鼓励幼儿拆装或动手自制玩具。还要鼓励幼儿尝试用数学解决日常生活中的问题，感知数学的用处，体验解决问题的乐趣。在此过程中，家长与孩子积极互动，智慧共生，其乐融融。

生活中这样的机会太多了，有家长发现孩子喜欢数数，就开始让孩子进行加减法甚至乘除法的学习。最后的结果可想而知，孩子学不会，认为"太难了、不好玩"，家长着急上火，认为孩子不好好学。其实，这是家长不了解孩子的发展水平造成的。4—5岁的孩子对生活中的数字比较感兴趣，家长引导孩子通过数数解决生活中遇到的问题，不仅符合幼儿的年龄特点和发展需要，还可以培养孩子遇事先思考、再动手尝试解决问题的能力，更重要的是激发出帮助解决问题需要的想象力。

第二节　积极参与是最好的支持

幼儿园孩子的成长，是教师与家长共同的责任，孩子入了幼儿园，家长仍然是最主要的教育者、支持者。不在家长的视野范围内，孩子们参与幼儿园的活动是什么样的状态，表现出怎样的能力水平，同伴关系如何等，这些未知都影响着家长对孩子教育的实施。因此，家长经常参与幼儿的在园活动，了解孩子的发展状况与需求，才能有针对性地给予科学的教育与支持。

案例一
我和女儿的探险

在最美的人间四月天，我们迎来了幼儿园第一次亲子运动会，从接到通知的那天起，就一直激动地盼望这一天的来临。

下午一到幼儿园，我们就受到了老师们的热烈欢迎。我们先观看了孩子们的队列、早操表演。看着孩子们略显稚嫩、笨拙的动作，我情不自禁举起手机记录下这美好的童年时刻。

伴着优美的音乐，亲子运动会拉开了帷幕。拿起运动会项目示意图，我和女儿就这样开始了探险。12 个游戏项目，遍布幼儿园的角角落落，完成一个项目就可以得到一枚印章，集全所有的印章就可以领到奖状。一听到有奖状，女儿就迫不及待地拉着我向第一个项目奔去，一边跑，一边喊："妈妈，我要得到奖状，快点！"在所有的游戏中，女儿最喜欢的当属"绿茵探险"了。她端起筐子，飞快地跑进树林，爬到树上，把球（鸟蛋）

藏了进去，还一再嘱咐我闭上眼睛不许看。

她扬起微红的小脸，信心十足地说："你找吧，我藏得可严实了！"其实，我早就看到了她藏的球，我故意爬上梯子，在树上的鸟窝里翻来翻去，女儿则站在一旁嘲笑我。我弯下腰，故意仔细找寻着。见我找不到，她变成小老师不停地提示我。在她的"帮助"下，我成功找到了球，她则骄傲地扬起脸给我竖起了大拇指。一次不过瘾，女儿又玩了一次，最后心满意足地跑向下一个项目。感觉女儿好久没有这么开心肆意地玩了，这次让我看到女儿来来回回的奔跑、爬树（有梯子），不亲眼所见，还真有点儿不敢相信她敢爬到那么高的树上，动作还这么干净、利落，活像一只活泼的小猴。

回想一下，我也很久没有真正参与到她的游戏中。以前去游乐场、公园，她和小朋友一起玩，我站在一边看着提醒她注意安全，真正参与其中的少之又少。真的非常感谢幼儿园的老师，如此有创意、充满乐趣的运动会凝聚了老师们的智慧和辛勤，让我们家长也在忙碌的工作之余拥有了如此轻松、愉悦、温馨的时光。今后，我们将会继续配合和支持老师的工作，最后衷心道一句：老师，您辛苦了！

（肥城师范附小幼儿园　郭红梅）

案例中的妈妈明明是"早就看到了她藏的球"，却还是"故意爬上梯子，在树上的鸟窝里翻来翻去"，任凭"女儿则站在一旁嘲笑"，完全抱着游戏的心态，以一个游戏伙伴的身份参与到女儿的游戏当中，让女儿享受着游戏的快乐。妈妈通过参与女儿幼儿园的运动会，亲眼看到了女儿在游戏中的表现，飞快地跑来跑去，胖胖的小身体却能敏捷地爬树，参与到游戏项目中肆意地玩耍。也许是有妈妈在更开心、更放松，也许是为了在妈妈面前表现得更好，她十分投入和努力，最终完成 12 个游戏项目，用 12 枚印章换到了"勇敢宝宝奖状"，完成了自己的预定目标，体验到了成功，开心地大笑起来。这不正是家长所期望的孩子该有的模样吗？参与其中的妈妈，自己也体验了一把童年的快乐，触动家长深刻反思，感受到游戏带来的愉悦与享受，自己在游戏中都是如此快乐，孩子岂不是更开心吗！

案例二
守规则的宝贝

昨天下午参加了中班女儿的亲子运动会，活动安排得丰富又紧凑。在老师的带领下，女儿参加了运动会的入场仪式。看着她和小伙伴排着整齐的队伍、甩着胳膊、踏着老师的口令节奏走得有模有样，我内心还有些激动。接下来是早操展示、亲子律动以及 12 个亲子活动，在整个活动和比赛过程中，我和孩子一起收获了许多快乐。从活动场所的选择到程序安排等方面，都体现了老师对孩子的关心，从活动的整个的过程中可以看出老师的精心、耐心和用心。大自然是我们最好的老师，大自然充满了活教材，于是，老师们将环境创设的空间扩展到大自然中，利用孩子天生的好奇心，让他们亲身体验感受这丰富多彩、变化无穷的世界。

通过参加活动，我有三点感受。

一是孩子开心愉悦。女儿在身心放松、欢快游戏的环境中学习感受，达到了运动的最佳效果。"快乐的毛毛虫"是张如许最喜欢的项目之一，"妈妈，我要玩这个。"女儿兴奋地拉着我的手向前走。"妈妈，我们排好队，轮到我们了，我们再往前走。"边走女儿边告诉我这些规则要求。"快乐的毛毛虫"这个活动内容需要两个家庭之间互动，四人配合团结一致，齐心合力共同到达终点，没有比赛的紧张，有的是亲子的配合和真实的开心快乐。

二是活动内容丰富。12项活动分布在校园内的南中北三大区域，既有积木拼摆、攀爬绳网、翻越山坡，又有水枪射击、服装表演，动静交替，集休闲娱乐于一体，每一项活动都有各自的挑战，孩子喜欢，我们家长也

乐在其中，仿佛回到童年一般。

三是活动组织周密。老师与孩子、孩子与孩子、孩子与家长之间互动良好，各个活动环节转换自然顺畅，节奏张弛有度，能够较好地抓住幼儿的注意力；每一个环节都有老师给我们讲解这个区域如何玩，完成项目后，一位老师给我们按印章，孩子们在玩中学到了规则。

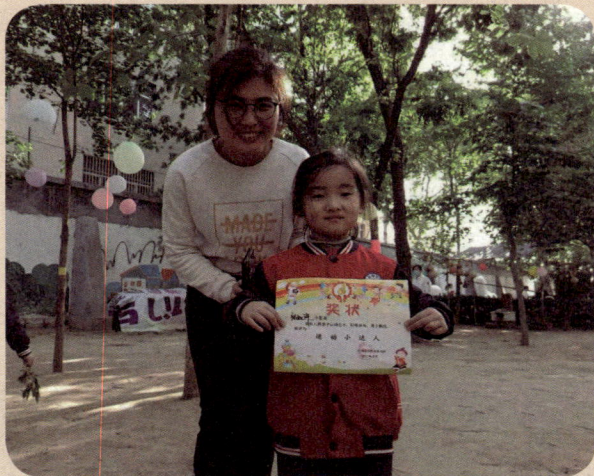

感谢幼儿园安排的此次活动，让我们家长加深了对孩子的了解，增进了亲子关系，孩子们通过自己的努力完成了项目，收获了开心快乐和喜悦，同时真诚地对老师说一句："老师们辛苦了。"

（肥城师范附小幼儿园　张凤华）

| 案例分析 |

案例中的妈妈看到上中班的女儿出席开幕式的表现，很是感动。中班的孩子，5 岁左右，生活经验少，能力水平还是很弱，很多事情需要家长的帮助，在家是名副其实的小孩子。但是在幼儿园能够排着整齐的队伍、踏着口令节奏参加运动会开幕式，像模像样，真的是让家长感到震惊，怎么能不感动。"妈妈，我们排好队，轮到我们了，我们再往前走。"这种规则意识和遵守规则的能力，都是在游戏过程中建立起来的。为了能够参与自己喜欢的游戏，孩子们会严格要求自己这么做，时间长了，就养成了守规则的良好习惯。"边走女儿边告诉我这些规则要求"，体现出女儿作为幼儿园的主人、熟悉游戏规则的人，主动向妈妈这个"外人"介绍游戏规则，说明"遵守规则"已经成为她参与社会活动、遵守社会规则的自觉行动。介绍的过程，也是一种强化的过程。

家长走进幼儿园，和孩子一起参与幼儿园的游戏，观察到许多在家看不到的孩子的表现，加深了对孩子的了解，增进了亲子关系。同时，家长也多了些对幼儿园教育教学的了解，对教师的尊重，软化了家园关系，更容易形成家园合力。

案例三
幸福着你的幸福

幼儿园的游园活动开始了，你举着班牌向我们走来，看到你那小小的身影，我动容了，我的女儿长大了；看到你游戏时脸上洋溢的笑容，我发自内心地笑了，女儿的开心就是我最大的幸福；看到你勇敢、小心翼翼地攀爬行走的样子，我欣慰了，未来属于敢于接受挑战的你；你的一颦一笑、一行一动都在肥城师范附小幼儿园这个与众不同的亲子乐园中独特绽放。

一、期盼——在你的"唠叨"中

"妈妈，你可以陪我参加亲子运动会吗？"

"爸爸，我们快点儿练习亲子操吧！"

"哥哥，你看我和爸爸的《跳跳糖》亲子操怎么样？"

这场亲子运动会就在女儿的"唠叨"中酝酿着，我知道这"唠叨"是对我们陪伴的渴望，忙碌中的我们从来没有像现在这样蹲下来看看孩子那清澈天真的眼神；从来没有像现在一样成为孩子的朋友，陪他们一起游戏；也从来没有像现在一样感受孩子眼中的美好与满足。

二、快乐——在你的"身影"中

"爸爸，快来，我来给你装扮一下，我们一起来表演。"说着女儿就在眼花缭乱的独特衣服中挑选着，此时的女儿俨然成了一位小小设计师。身着女儿搭配的服装与她牵手走在林荫小路上，洒下一路美丽的身影。

"爸爸，你敢爬吗？"我假装摇头去试探女儿。看我的"翻山越岭"，女儿小心翼翼地走在高高的独木桥上。独木桥时而平，时而陡，我的心也随之起伏着，但我发现每遇到一个不同的"困难"，孩子都用自己的方式"化险为夷"。紧张中带着欣慰，这样的游戏设计大胆但又让孩子在游戏中学会挑战与方法。教育就是这样，"此时无声胜有声"。

"下一个，我们去沙坑探秘吧。"此时的女儿就是我的向导，我追随她快乐的身影来到沙坑探秘。"你先来藏，我来找，快点儿把眼睛闭上。"此时我知道一切要听从指挥。"怎么找不到呢？""没事儿的，爸爸，再来一次，我相信你一定可以找到……"此时我感受到女儿给予我的鼓励那么温馨……

谁说孩子小不懂事，在这样一场亲子游戏中，让我感受到孩子在潜移默化的环境熏陶中长大——这就是附小幼儿园"融入自然，科学探索"办学理念的最好呈现。

三、收获——在你的"绘画"中

女儿意犹未尽，回来时哭了，那委屈的泪水是对快乐游戏的留恋，是对这好不容易得来的陪伴的不舍，是对幼儿园这片乐土的向往。恰此时，班级群里的图画活动弥补了孩子的遗憾。是啊，把今天的快乐留下来，用手中的画笔来记录，在老师的引导下，我与女儿开始了她的创作。"妈妈，这是彩色轮胎，这是沙坑，这是我和爸爸在藏宝贝，你看我画的爸爸像不像……"画笔下画出的是快乐，多彩的颜色画出的是孩子丰富的内心世界。

"积极参与，勇于挑战"，看着女儿手捧奖状开心的样子，我内心有了更多的坚定。幼儿园呈现的办学理念让我坚定，孩子的童年就应该在"玩中学，学中玩，在探索中成长"。老师的爱与责任让我坚定，自然生成的课程让孩子们在体验中成长；用心地陪伴、鼓励让孩子感受幼儿园如家般的温暖；每周活动的美篇共享，搭建起我们了解孩子成长的平台……一点一滴悄然融化于我们内心。

最后再次感谢幼儿园及所有老师们在背后默默地付出，因为有你们，附小幼儿园的孩子才会更快乐，才会成为最闪耀的那颗星。

（肥城师范附小幼儿园　王伟）

▎案例分析 ▎

本案例中，爸爸对女儿的浓浓亲情溢于言表。爸爸眼里"小小的身影"却能举着班牌率队前行，为父怎能不动容。"爸爸，快来，我来给你装扮一下，我们一起来表演"，女儿让爸爸平生第一次拥有了私人设计师。看着"女儿小心翼翼地走在高高的独木桥上……用自己的方式'化险为夷'"，紧张中带着欣慰。"女儿意犹未尽，回来时哭了……"，女儿的委屈爸爸感同身受。看着"女儿手捧奖状开心的样子"，爸爸比女儿更开心。与女儿一起参与活动，近距离观察女儿的表现、了解孩子的能力水平、感受孩子的快乐心情，这对家长来说是一次难得的机会：小小的身体内到底有多大的能量？老师是用什么办法激发出了孩子的潜能？回过头将一将幼儿园的管理、课程设置、教育教学方式，对"玩中学，学中玩，在探索中成长"的理念有了真正意义上的理解，支持幼儿园办学理念的信心更加坚定。

第三节　倾听是助力儿童表达的基础

幼儿喜欢涂涂画画，大班时已能够运用绘画、手工制作等表现自己观察到或想象的事物。自己玩过的富有挑战的游戏、见到过的新鲜的事物等，都愿意把它们画出来，表达自己的所感、所思、所想。受表达技巧的限制，他们画的画，在成人看来表达不全面、不清晰、没条理，所以常常会感觉"看不懂"。不懂就要问，要听幼儿自己讲。倾听是心与心交流的开始，倾听和对话是建立关系的基础，倾听是带着一种理解与共情的姿态，往往能够唤起深度交流。倾听能够发现背后的原因，是一种平等的态度，更能够走进孩子的内心。理解儿童、追随儿童是从倾听开始的。

案例一
消防员叔叔不见了

　　周日下午，爸爸妈妈带着健健一起参观了消防队，并在现场观看了消防员叔叔模拟救火的表演及救火纪录片。在回家的路上健健不停赞叹着消防员叔叔太勇敢了，一直到吃晚饭时还在不停地念叨着长大也要当消防员。饭后，妈妈洗刷完毕，健健已经画完了一幅画作。妈妈一看，画面上是一名体型高大、帅气的消防员，构图、画面都不错，妈妈摸了摸健健的头示意他再接着画。当健健再次把画作递到妈妈面前时，只见画面上布满一团黑乎乎的乱线，消防员"不见了"。妈妈蒙了，一股无名之火窜上心头。刚要开口指责，又转而一想不妨先问问他，于是把健健揽入怀中问："这是怎么回事呀？消防员叔叔哪儿去了？""这个消防员叔叔钻到大火里去救人，烟太大，他看不到里面的人，找啊找啊，找了很久才找到，出来的时候，就这样了。"听了健健的解释，妈妈恍然大悟，冲他点点头并竖起了大拇指："你画得太好了！你是怎么想到的呢？"

┃ 案例分析 ┃

　　健健的作品，是他对消防员认知经验的真实反映。消防员叔叔冲入火场前后的样子给他留下了很深刻的印象，那一团黑糊糊的乱线很形象地表现出消防员冲进火场被烟熏火燎后的模样。从画作中可以看出健健联想能力的发展，他能够把"烟黑"和"画笔的黑"联系起来，找到它们之间的相同点，再用"一团"表现出"烟"的形状，并大胆地表达出来。可以看出健健的观察能力、分析能力和比较能力发展得都很好。用"黑烟"盖住消防员的画法，展示了健健较强的综合能力。他能够按先画消防员再画黑烟的顺序来表现事情发生的过程，说明已经具有了初步的逻辑思维能力。

4—5岁孩子的思维仍以形象思维为主，随着身心发展，活动能力增强，视野更开阔，新鲜有趣的事物不断丰富着孩子的认知，让他的思维非常的活跃，即使身体安静下来，心情还是处于兴奋状态，有着非常强烈的分享与表达愿望。这时，绘画就是最好的选择。受表现能力和绘画技巧水平的限制，他们常用点、线来表现看到的事物，尽管这一类画作看起来不像画，有点儿象征性、概念化，但这正是4—5岁孩子绘画的特点，反映了这个年龄段孩子的绘画水平。这位家长在看到孩子的画后，有些着急上火，还好理智很快战胜了冲动。她用非常温和的问答交流方式，先倾听孩子讲述创作构思与过程，了解孩子如此表达的缘由，理解孩子，后肯定孩子的做法，给予鼓励与支持。

4—5岁孩子由于知识经验不多，对事物的观察认识不清晰，头脑中积累的物象不够丰富，加之绘画表现的技能、技巧有限，所以画出来的画往往是不够美观的，如健健的作品；有的甚至与实物相距甚远。健健给妈妈讲画，把消防员在火场里面的情形都讲出来了。健健没有进过火场，里面的情形应该是想象出来的，但是他想象得合情合理。这个年龄段，绘画对于孩子来说就是一种认知、表达、交流，或是一种自我游戏。这正是他创造力的表现，非常值得肯定。妈妈的做法，很值得称赞，看到不可理解的作品，不急于评价，先请孩子讲一讲自己的画，既让孩子多了一次描述创作思路的机会，锻炼了口语表达能力，更重要的是保护了他的创新思维。

案例二
我的太阳

　　4岁半的阳阳，出生3个月时因为一次高烧，严重影响到后期发育，语言表达不清，一是发音不准，二是词不达意；右手不灵活，右腿走路不打弯，表现与同龄孩子有明显差异。一天下午，阳阳自己在画画。"妈妈，我画完了，你看看好吗？"阳阳拿着自己的作品想与妈妈分享。妈妈拿过作品看了半天也没有看出他画的是什么，把阳阳揽进怀里说："给妈妈讲讲你画的是什么？""我画的太阳。"阳阳指着自己的画给妈妈讲。"太阳，在哪儿呢？""在这里！"妈妈顺着阳阳手指的地方看到了一个像瓜子一样的图形。"这是你画的太阳吗？""是的。"妈妈再次仔细看了看作品，看着看着激动的眼泪不自觉地流了出来：因为这是阳阳第一次能够画出一个封闭图形。妈妈再次亲吻了阳阳，阳阳很开心。接着为阳阳找来一本绘本书，让他从绘本中找一个"太阳"。妈妈拿着阳阳画的太阳和绘本上的太阳比较，并让阳阳观察有什么不同，阳阳看了半天，说不出来。妈妈说："绘本上的太阳是圆圆的、胖胖的，阳阳画的太阳还有点儿瘦，下次再画的胖一点好吗？"并反复地教阳阳学说"胖胖的，有点儿瘦"。一会儿，阳阳又回到小桌前画起来，嘴巴里嘟囔着"胖胖的太阳"……

| 案例分析 |

　　案例二中的阳阳是个有点儿特殊的孩子，因疾病导致身体发育迟缓，造成他语言及行为表达的障碍。所以，4岁半才刚刚能画出一个封闭图

形，这对阳阳来说是个成长的节点，有里程碑的意义。他把圆圆的太阳画成瓜子样，是手眼尚不够协调；当妈妈看不懂时，就请阳阳自己来讲，妈妈来听。"讲"是一种语言发展的练习，幼儿的语言就是在交流和运用的过程中发展起来的。妈妈通过倾听，了解阳阳的想法，增进母子亲情，给阳阳带来了温暖与动力。因此，"一会儿，阳阳又回到小桌前画起来，嘴巴里嘟囔着'胖胖的太阳'……"

其实，当家长静下心来倾听和记录孩子的话，他们看待孩子、看待自己的视角也会改变，深度学习因此发生。在倾听儿童中，这些最珍贵的成长也会随之而来。倾听是走进儿童也是走进自己的最好方式，然而真正的倾听不仅仅是听到就可以了，真正的倾听是要用眼睛注视、用心去听孩子的话，如阳阳妈妈把阳阳"揽进怀里"听他讲。通过倾听会得到与看见的、想到的不一样的答案，在倾听和对话中家长和孩子彼此相伴、彼此信任、彼此靠近，这才是生活最本真的的样子。

第五章

游戏中课程的生成

　　幼儿园课程是决定幼儿园保教质量的另一个关键因素，是幼儿园教育作用于幼儿的载体，课程质量关乎到幼儿园的生命力，关乎到幼儿的健康与协调发展。《中共中央 国务院关于学前教育深化改革规范发展的若干意见》明确提出：要提高学前教育质量，不断增加对幼儿成长的支持和促进，让幼儿得到更好的发展。由此带来了幼儿园课程改革，推进落实"幼儿园以游戏为基本活动"的教育理念，在幼儿园广泛开展幼儿自主游戏。我们探索了近 10 年，教师在思想上已达成共识，但从接受到落实仍然是一个长期而艰难的过程，任务十分艰巨。分析一下原因，一是教师的课程意识不强，二是缺乏构建和实施课程的能力，三是传统教学的影响根深蒂固。很多教师坚持认为，只有教材上的资源才叫课程，教好教科书才是教师的本分。因此，我们首先帮助教师厘清幼儿园课程的外延，幼儿园游戏既是幼儿园课程的重要组成部分，也是幼儿园课程实施的重要途径。其次，指导教师学会"珍视游戏和生活对幼儿发展的独特价值"，增强课程意识，观察捕捉幼儿的兴趣点，发现并挖掘游戏和生活中有教育价值的资源，根据《3—6 岁儿童学习与发展指南》确定的幼儿发展目标，由幼儿、教师或师生共同生成适宜的课程，丰富现有课程资源。这种来自幼儿生活和游戏的课程资源，鲜活、生动，更容易吸引幼儿参与。这样的课程，从形式上也许不太像课程，但是远比老师设计的课程的实际效果要好得多。再次，推动教师转变身份，由课程的执行者变为课程的构建者和实施者。根据幼儿年龄特点和特有的学习方式，再将课程的发展目标融入幼儿的游戏和生活，灵活地以多种方式推进幼儿的游戏活动逐步推向深入，以支持幼儿的深度学习，满足不同水平幼儿学习与发展的需要。幼儿在持续游戏活动中，通过操作体验，获得的经验才是系统的，知识结构才是相对完整的。课程建设是教师创造性劳动的过程，也是教师专业成长的过程。在这个过程中，教师学会了将游戏、生活和课程融为一体，课程构建能力和课程执行能力也就得以提升。教师和课程的协同发展，才是幼儿园高质量发展的重要保证。

第一节　游戏活动生成的课程

　　游戏是儿童积极主动地与周围环境相互作用的基本活动形式，是儿童的基本活动。他们在游戏中探索、发现、计划、思考，积极主动地表达已有经验与认知，同时获得新经验并建构新的认知。因此，游戏被看作符合幼儿身心发展特点的学习活动和幼儿社会化的重要途径。据此，幼儿园以游戏为基本活动，就要设置充足的场地空间，创设丰富的环境，通过提供多种玩具和游戏材料，放手并鼓励幼儿根据自己的兴趣去选择自己喜欢的活动，注重幼儿的主动学习，提倡以材料操作为基础获得直接经验。

幼儿园游戏是幼儿园课程的生成源。幼儿园的游戏与幼儿的家常游戏有所不同，它兼具自然性和教育性。说它自然，是缘于游戏活动是幼儿自发、自主、自由开展的，具有自在、自足的特点。说它是教育活动，是因为幼儿园的环境创设、材料投放都是由教师设计的，是根据幼儿园学生的年龄特点、学习方式方法融入了发展目标，具有引导和促进幼儿学习与发展的作用。融入了幼儿发展目标的游戏就具有了课程的意义。幼儿园课程在实施的过程中，也是可以借助游戏的形式进行的。实际上，在教育实践中，幼儿园游戏和幼儿园课程是可以相互转化的。

游戏作为幼儿真实自然的学习活动，注重游戏过程的质量。游戏过程中幼儿的态度、情感状态，与教师、材料互动的质量，与同伴合作交流的关系，都是幼儿园游戏所关注的重点。由游戏生成的课程，让幼儿在游戏中愉快学习，使游戏和课程融为一体，注重幼儿身心的全面发展和社会化过程，亦注重幼儿发展的年龄特点和个别特点。相比传统的课程模式，更关注幼儿当下的生活质量、童年的快乐。给孩子一个幸福的童年，是以幼儿为本的体现。因此，游戏过程的质量，反映的是幼儿学习的质量，也就是幼儿园的保教质量。

案例一
小动物住新房

早饭后，孩子们陆陆续续走进泥工区，各自塑造着什么，有的还边捏边聊，嘻嘻哈哈十分惬意。

集体活动时间到了，孩子们仍然玩性不减，有的还嚷嚷着没有做完，高高噘起的小嘴告诉老师有多么不愿意被打断。怎么办？强行停止孩子的活动，会有很多孩子不高兴。任由孩子们继续玩下去，准备好的集体活动时间就被挤掉了。老师一边把画有 5 栋 5 层楼的图画纸贴在板子上，一边这么想着。转过身，再看看玩兴正浓的孩子们，看到他们手里捏的小猫、小狗、小鸡、小鸭，忽然来了灵感。给正在忙着的孩子们说："动物园里盖了五栋新楼房，小朋友可以请你的小动物住进去。有一个要求：小动物住进去后，你要知道并说出它住第几栋第几层。"

这一下，孩子们兴趣来了，已经捏完的，纷纷给自己的小动物挑选楼房，并炫耀一般告诉自己的好朋友："我的小鸡住在第 2 栋第 5 层。""我的小狗住在第 2 栋第 1 层。"没有完成手工的孩子不由自主地加快了速度。最后一个孩子完成后，看着自己的动物住进新楼房，相当开心。这时，老师抛出一个问题："你是怎么确定你的动物住第几栋第几层的？"

明硕："我是从有大树的这边开始数的，第 3 栋，从下往上数的第 2 层。"

海亮："我是从有小花的这边开始数的，第 1 栋第 5 层。"

……

教师："小鸡的朋友来串门了，问小鸡住在哪里？"

张乐："小鸡住在第 2 栋第 5 层。"

彤彤："小鸡住在第 4 栋第 1 层。"

教师:"同一只小鸡的家,怎么会出现两个不同的房号呢?"

咚咚:"他们一个从大树那边开始数的,一个从小花那边开始数的。"

友隽:"他们一个从下往上开始数的,一个从上往下开始数的。"

教师:"客人怎么准确找到小动物的家呢?"

孩子们开始你一言我一语的讨论……

咚咚:"都是同一个小区,还是都从大树那边开始数吧,这样就不乱了。"

张乐:"对,楼层从下往上数。"

大家都认为这样比较好,支持这样的方案,并达成共识:数第几栋的时候,要从一个方向开始数。如果从不同的方向数,得出的结论就会不一样。

教师:"如果给一次换房的机会,想把你的小动物换到第几栋第几层?"

教师:"回想一下,你家小区的房子是怎么排号的?"

| 案例分析 |

这是一个由幼儿自由游戏生成的科学认知课程。老师准备按原计划进行集体教学活动时,孩子们兴趣正浓地玩着泥工游戏。这时如果强行中断孩子们的游戏,势必让孩子们很扫兴,他们在收拾游戏材料时也会很不情愿,拖拖拉拉,这个过程会浪费不少时间。考虑到这一点,老师没有打断孩子们的活动,而是灵机一动,把孩子们正在进行的游戏和即将进行的集体教学活动结合起来,把孩子们手中的泥工作品,当作了集体教学的学具,并且引导孩子们自己操作,既保护了幼儿游戏的兴趣,又达成了集体教学的目标。并且,是让孩子们积极主动地在操作中完成的。最后老师还结合孩子们的日常生活，把活动内容加以拓展、延伸。

在这个案例中，老师的提问"小鸡的朋友来串门了，问小鸡住在哪里？"不同的孩子给出了不同的答案，张乐说"小鸡住在第2栋第5层"，彤彤说"小鸡住在第4栋第1层"，同一只小鸡住同一间房屋，幼儿却有不同的表述。这是学习过程中遇到的新问题。同一只小鸡的家，怎么会出现两个不同的房号呢？这一提问，引发了同伴间的认知冲突，教师利用连续追问的方式，让孩子们结合已有经验进行讨论，引发思维碰撞，提升科学认知，获得新的经验。由新的认知冲突引发的讨论，促进了幼儿的观察分析与思考，引发幼儿寻找证据支持自己的观点，表达自己的认知，这是幼儿真正的自主学习。在这一过程中，幼儿积累了观察、思考、表达等方面的经验，远远超出了老师原定的集体教学的认知目标。

这个案例中，老师之所以这样处理，是源于心中装着幼儿发展的目标（也可以说是本次教学的目标），面对游戏兴趣正浓的幼儿，没有打断他们的游戏，正是"眼中有孩子"的表现。在此基础上，对自己预设的课程进行形式上的微调，生成一节缘于幼儿兴趣需要的课程，既体现了对幼儿学习主体地位的尊重，又促进了幼儿的深度学习。

案例二
积木滚跑了

森宝今天计划建造城堡，在拿积木的时候，一块圆柱积木掉在地上，当他准备弯腰去拾的时候，却发现圆柱在地上滚开了，于是就去追。圆柱积木带着森宝咕噜咕噜跑出去很远。森宝抱着积木往回走的路上一边走一边看着积木，还用手摸摸积木的身体，好像在说，你是怎么跑起来的？

　　他回到自己的一堆搭建材料前，并没有搭建，而是把几块长条木板一头搭在其他积木上边变成斜坡，把半圆块积木的平面放在斜坡上，半圆块从斜坡上滑了下来。接着他又拿了一块三角体，三角体也是从斜面上滑了下来。他又尝试圆柱体，圆柱也从斜面上滚了下来。然后他对老师说："老师，它们都能滚下来啊。""这是你的发现吗？它们下来时，都是滚的吗？"可可说："不一样。那个圆柱是从上面咕噜咕噜滚下来的，那个三角体是从坡上滑下来的，它没有翻滚。"哨哨说："当然它不能翻滚了，就像我去滑沙一样，要是翻滚我就摔倒了。""真的吗？"森宝听到同伴的说法，接着又拿起三角体、半圆块和圆柱重新试了一下。这次发现：原来三角体和半圆块真的是从斜坡上滑下来的，而圆柱是从上面滚下来的，滚是这样一圈一圈转的，滑是直接就下来了。孩子们津津有味地讨论着滚动和滑动的区别。

　　游戏结束，孩子们仍在兴致勃勃地讨论着。老师意识到："滚动"和"滑动"的现象激发起了孩子们的好奇心与探究欲望。此时，应该想办法支持、引导他们的探究，以满足其好奇心和探究兴趣。于是设计生成了如下系列探究活动。

一、哪些物体能滚动

　　回到教室，有的小朋友拿着水杯用平平的杯底在桌面上滑来滑去问："这是滑动吗？"有的拿着水壶在桌面上滚来滚去说："这样是滚动。"此刻，"滑动""滚动"成了班里的热门话题。怎样是滑动？怎样是滚动？哪些东西可以滑动？哪些东西可以滚动？

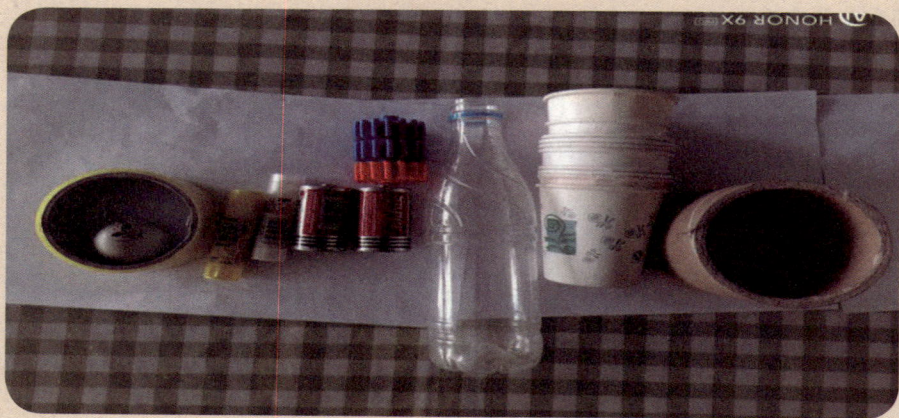

　　孩子们拿着记录表在教室里开始寻找，边找边记。他们寻找到一些能够滚动的物体，有纸杯、球、胶带、电池、圆柱积木等。

　　延伸活动：家里有哪些物体可以滚动。

　　二、物体怎样滚动

　　（1）这些物体都能滚动吗？预想一下，它们是滚动还是滑动呢？经过一番谈论，大家一致认为，这些东西都能滚动，接着开始逐一进行了尝试。尝试的结果是：球、圆柱体、胶带、电池、矿泉水瓶都可以滚动。范艺可说："纸杯也能滚动，但它总是滚到一边去。"

　　（2）这些物体是怎样滚动的？有的小朋友说：球、圆柱体、胶带、电池这些都是圆圆的，能直直地滚，能滚得很远；塑料积木和矿泉水瓶子滚不远，滚一会就停下了。"纸杯是怎样滚动的呢？""纸杯总是歪向一边。"硕硕说："可是，我怎么没发现呢？它们都是一样滚下来的。"接着又有几个小朋友也说没发现范艺可发现的问题。

　　（3）这些物体的滚动路线是一样的吗？孩子们对于这些物体的滚动路线出现了争议，于是大家建议一起用这些物体进行了再次实验。

通过实验，孩子们有了新的发现；球，滚动的路线是任何方向都可以；胶带、电池、圆柱积木等，滚动的路线是直线；一次性纸杯，滚动的路线是弯弯的，有时候还会滚成一个圆圈。

（4）为什么它们的滚动路线不一样呢？多多说："球是圆圆的，可以向任何地方滚动；圆柱是长的圆，所以只能沿着直线滚动；而纸杯是一头粗一头细，所以就会偏向一边滚。"

孩子们对于纸杯、圆柱和球的滚动路线是否相同再次出现了争议，于是大家用实验的方法再次验证自己的猜测。这次实验的发现和上次实验结果是一样的。

三、滚动速度与什么有关

（1）通过各种尝试，森宝发现：坡度越陡，圆块滚动速度越快；坡度越缓，滚动速度越慢。

（2）嘉嘉发现：三个圆柱分别从三个不同高度的坡上滚下来，滚动速度是不一样的。

（3）泽泽发现：物体在下坡时不用力气推就会滚动，而上坡时需要用力推才能滚动。

有了之前的发现，各种关于滚动的游戏多了起来，如障碍滚动、直线滚动等。渐渐地，大家开始比赛谁的圆柱滚得快。各种赛道也应运而生，如大桥赛道、山底隧道、跑车赛道等。

（新泰市实验幼儿园　范秀明）

| 案例分析 |

这是一堂由游戏活动生成的科学探究课程，自然生成的课程来自幼儿认知兴趣和需要。做到这一点，一方面对教师的教育机智有较高的要求，另一方面也要求教师对幼儿的身心发展水平和学习兴趣与需要有特别的了解。游戏中的森宝在户外活动时，偶然发现"圆柱在地上滚开了"，并且能滚得很远，随即对滚动产生了兴趣，自己开始尝试，并由此引发了大家的兴趣。个体兴趣变成集体兴趣，老师及时捕捉到了幼儿的兴趣点和探究需要。"能经常动手动脑寻找问题的答案""能通过观察、比较与分析，发现并描述不同种类物体的特征或某个事物前后的变化"，是大班的科学探究的发展目标。据此，老师提出了第一个问题"哪些物体能滚动"，引发幼儿在教室里面寻找物体，并能用数字、图画、图表等方式记录自己认为可以滚动的物体。家里有哪些物体可以滚动，活动场地扩展到家庭。物体能不能滚动，孩子们需要观察、分析和判断，最终只有尝试过后，才能知道自己找到的物体哪些是能滚动的，哪些是不能滚动的。这种兴趣可以一直保持到家庭之外的公园、商场等。

这些物体真的能滚动吗？这一问题及时抛出，激发起幼儿尝试验证的探索活动。大家把自己的记录表亮出来进行分享，并把在幼儿园找到的物体还有家里带来的部分自认为能滚动物体摆出来，开始用自己的方法验证自己的猜测，验证的结果是这些物体都能滚动。

这些物体是怎样滚动的？这一问题引发了幼儿再次实验的热情，大家描述出探究结果：这些能滚动的物体，滚动的方式是不一样的，有沿着直线滚的，还有滚着滚着就拐弯的，有的滚得远，有的滚得近。本次探索中的新发现，激发了孩子们更强的探究欲望，交流中产生了一些新的问题，如"为什么它们的滚动路线不一样呢？""滚动速度与什么有关"。继续的探究已经是"不待扬鞭自奋蹄"的态势，有的是一人试验其他人观战，有的是三人一起按不同的条件进行对比试验，探究中合作、交流、分析、判断，发现了很多常见的物理现象产生的条件或影响因素。比如"坡度越陡，圆块滚动速度越快；坡度越缓，滚动速度越慢""三个圆柱分别从三个不同高度的坡上滚下来，滚动速度是不一样的"。

案例中的教师有着很强的课程意识，当发现幼儿对游戏中"滚动"的现象感兴趣时，根据大班儿童发展目标，设计生成几个科学探究活动，既满足了孩子的好奇心和探究欲，又进一步激发了孩子对周围事物的探究兴趣。在一系列探究活动中，孩子们动手操作、反复尝试，培养了观察、分析、猜想、验证等科学态度和探究能力，同伴合作、语言表达和有效沟通等相关能力也得以发展。

在陪同孩子探究的过程中，老师密切关注孩子们的探究行为，并适时抛出问题推进孩子们的深入探究。当孩子在探究中有了新的发现，在兴奋中产生更大的探究兴趣和探究欲望时，老师及时后退，任由孩子们自己去尝试、去发现，引发儿童的深度学习，孩子们果真有了更多的发现。教师利用生活中的各种资源充实课程内容，不断支持儿童探究，保护了儿童的好奇心和探究欲。教师能将儿童的需要和兴趣与课程资源及相应的游戏活动关联起来并不断系统化，深化儿童的学习，丰富儿童的经验，促进儿童的发展，显示出较强的课程构建能力和课程执行能力。

案例三
哇，我的树叶真漂亮

早饭后，孩子们来到操场自由活动。"哇——"一声惊呼传来，正专注自己活动的孩子们停下手中的"活儿"循着声音望去，操场边的小树林里纷纷扬扬下起了"彩色树叶雨"。"秋风吹，树枝摇，红叶黄叶往下飘。红树叶，黄树叶，片片飞来像蝴蝶。"偶遇此情此景，这首儿歌就不由自主地从孩子们口中蹦出来，他们扔下手中的玩具，飞一般奔向树林，边念儿歌边尽情沐浴在彩色落叶雨中，有的举起双手去迎接飘落的树叶，有的去追，有的去抓……抓到一片"哈哈，我抓到了"，抓不到了就在地上拾呀拾、捡呀捡，一会儿每个人的手里都拾了满满的一大把，他们把树叶攥在手里给这个看看，给那个瞧瞧；当有同伴伸手想摸一下，又吓得赶紧收回到怀里，用两手捂着，宝贝得不得了。

　　回到室内，孩子们顾不上喝水，就拿出纸（有的是浅浅的纸盒）、彩笔、剪刀、胶水，开始"工作"。当老师和最后一名小朋友进来时，行动快的孩子已经粘贴了几片叶子。老师环视了一下，并未作声，一次艺术创作活动已悄然开始了。

只有俊逸东看看西瞧瞧不知道做什么，拿着一把树叶围在老师身边，望望老师，似乎在向老师求救。老师冲他笑笑："你想做点什么呢？快去吧。"

再看其他小朋友，瑞瑞显得很不一样。当大家的作品已经完成，至少初具规模时，他一只手托着腮静静地看着面前的一桌子树叶，还时不时地用另一只手拿起一片叶子，捏着叶柄转来转去。他就是看着，看看这片，放下，再换一片，不经意露出淡淡一笑。

老师问："瑞瑞还没想好呢？"

瑞瑞说："老师，快看，我的叶子好漂亮啊！"

老师仔细看了看他那一堆叶子，有深绿、浅绿、浅黄、橘黄、浅粉、深紫，颜色很丰富，确实太漂亮了！"这么漂亮的叶子，做出来的作品应该更美。"老师轻声说着，像是自言自语，也像是在鼓励瑞瑞。

当老师转了一圈又回到瑞瑞面前，他还是一如既往地看着叶子，嘴里不停地说着"我的叶子就是漂亮"。老师看看他，也被他那陶醉的状态感染，没有打扰他。瑞瑞自己欣赏了好久，忽然想要做点什么，于是在一个方形泡沫盘子里粘贴起来，很快完成了一件作品。作品共8片叶子，盘子中间粘贴的叶子像一条金鱼，用了4片叶子。4个叶柄相对，叶尖分别朝四个方向，椭圆形紫色叶片像鱼头，黄绿色长圆叶片像尾巴，两片细长黄叶像两侧的鱼

鳍。4片深绿色小小的长圆叶子在盘子下面首尾相连排成一行，看起来像是水波纹。老师很好奇："你的作品叫什么名字呢？"他脱口而出："美丽的树叶。""我看着像条鱼呢？""不，就是美丽的树叶！"他非常坚持。

再看亮亮，他把不同形状、不同颜色的树叶均匀地粘贴在盘子里，然后，又用不同颜色的彩笔沿着叶子边缘勾勒了一下，自己取名"不同形状的树叶"。

（肥城师范附小幼儿园　李春）

案例分析

本案例是由日常户外活动生成的一次美术创作活动，而且完全是由孩子们自己选择发起的，源于孩子们对树叶的喜欢和已有经验。整个活动过程有四个明显的特点，一是缘起自然，取材自然；二是追随儿童的兴趣，尊重儿童的意愿；三是教师放手，支持儿童自由创作；四是保护个性，支持自由表达。活动缘起于日常生活中风吹落叶飘的自然现象，秋天到来，树叶变得五彩斑斓，在秋风吹拂下自然飘落，漫天飞舞，洋洋洒洒，一幅激荡人心令人陶醉的景象，在幼小的孩子眼里简直就是一种神奇，他们飞一般扑了过去，沐浴在落叶雨中。孩子们通过"赏""抓""接""拾"树叶，充分感知、认识不同的树叶，感受秋天树叶的变化，体验追逐、捕捉落叶的快乐。幼儿拥有树叶的激动与兴奋，自然引发了美术创作的欲望，借助已有经验，便积极主动地开展了粘贴树叶活动。老师看到了孩子的投入与专注，并没有干预，而是尊重儿童的意愿，追随儿童的兴趣，放手任由他们自由发挥，自主表达。

老师面对"俊逸东看看西瞧瞧不知道做什么",只是冲他笑笑,采取了"袖手旁观"的做法,示意俊逸我注意到你的求助了,但就是不帮你;看到"瑞瑞一只手托着腮静静地看着面前的一桌子树叶……,捏着叶柄转来转去。他就是看着……",老师也只是远远地旁观,不打扰瑞瑞对树叶的欣赏活动;当瑞瑞对老师的建议勇敢地说"不,就是美丽的树叶"时,老师鼓励并支持了他的"坚持己见",促成并强化了他独立思考的习惯;听到亮亮给自己的作品取名"不同形状的树叶",老师默许了,这是亮亮的创造初衷,反映了他的认知水平。

在这样一个过程中,儿童自觉地、轻松地完成了一次没有所谓"目标"的美术创作活动,表达了对美的感知,抒发了心中对彩色树叶的喜爱之情。从看到树叶飘落下来,到捡拾在手中,再到作品创作,都是孩子自己主动完成的,完全没有外部力量的要求与推动。这可以说是儿童自己与美丽树叶的对话与深度交流,是儿童已有经验和当下经验的对话,是新旧经验之间的碰撞,也是一次对季节变化的进一步感知,让"秋风吹、树叶飘"的经验划过指尖,留下永久的记忆。

其实,所谓的"幼儿园课程",本质上就是一个做事的过程,一个在游戏活动、生活活动中对话的过程,是课程中的人、事、物之间的相互对话,如本案例中的"幼儿与树叶对话""幼儿与老师对话""幼儿与操作材料对话""老师与幼儿对话"。在对话中,对话的多方相互间有进一步的了解与认识,有所改变,有所收获。这个过程离不开教师的支持,是教师和孩子们共同完成有效对话的课程。从本案例可以看出:生活课程,源于生活,却又高于生活。就像活动中的树叶,是"树叶"又不是"树叶",在孩子们创作的过程中已经赋予它新的含义,融进了各自不同的情感,表达了各自的认知与想象。这一过程帮助他们实现了生活经验的重塑与再造。当然，经验受到重塑与再造的，不仅是儿童，也是教师。

案例四

小鸟之死

　　昨天刚刚下过一场大暴雨，今天户外活动时，汤子阳无意间在墙角发现了一只死去的小鸟，他用一张纸把它捧在手心里，引来了许多的小朋友，大家围在一起仔细观察着。媛媛好奇地问："这是一只什么鸟呢？"张喆茹说："是麻雀吧？"寇伟浩说："不对，麻雀的羽毛是棕色的，它的羽毛有点儿黄。"这时，老师走过来，他们就问老师，老师一时也不确定是什么鸟。露露说："老师，上网帮我们查一下吧！"老师帮他们用手机搜索得知这种鸟的名字叫绣眼鸟，又给他们搜到麻雀的照片，让他们比较两种鸟的不同。通过对比，他们发现，这两种鸟除了羽毛颜色不同外，嘴巴也不一样，绣眼鸟的嘴巴更细更尖一些。

紧接着孙慧泽问："小鸟是怎么死的？"这一问题又引起了新一波的探讨。

　　李佳瑄问："它是不是从大树上的鸟窝里掉下来摔死的？"

　　袁嘉诺说："会不会是昨天的雨太大，把它从鸟窝里冲出来了？"

　　李佳瑄问汤子阳："你是从哪里发现小鸟的？"

　　汤子阳领着他们去看发现小鸟的地方。这时，王启航抬头发现墙上有一块暗红的地方，大叫起来："你们快看，墙上有小鸟的血。"其他孩子都顺着王启航手指的方向看过去。

　　汤子阳却说："可是，小鸟身上没有伤呀？"

　　李佳瑄说："你们看，小鸟死的地方地上有一个圆圈，这应该是滚筒留下的。当时，小鸟肯定落在了滚筒里，由于下大雨，滚筒里积了很多水，小鸟出不来，被淹死了。"

　　袁嘉诺又问："小鸟不是会飞吗？它为什么不飞出来呢？"

　　汤子阳回答："可能是它还太小了，不会飞。"

　　寇伟浩说："也许是雨水把它的羽毛淋湿了，它飞不起来了。"

　　……

　　一直到户外活动时间结束，他们还不忍心把小鸟放下，老师说："我们先用纸把它包起来带回教室，找时间再找地方把它埋葬吧！"这时，王启航和寇伟浩抱在一起哭着说："小鸟好可怜呀！"

　　把小鸟带回了教室，孩子们对小鸟的死都很心疼，有的孩子还哭了，久久不能释怀。面对这样的局面，老师和孩子们经过商量，决定给小鸟举行一个小小的葬礼。葬礼上，孩子们都说出了自己的心里话。之后，孩子们商量要把小鸟埋葬在班里自然角的花盆里，李正旭说："埋葬小鸟需要立个牌子，告诉大家这是埋葬小鸟的地方。我来画吧！"只见他拿着画纸

和彩笔回到自己的桌子上，认真地画起来。过了一会儿，他拿着作品过来找老师帮忙写上"死"这个字，他已经自己画好了图并写好了其他的字，老师问他旁边的爱心是什么意思，他说："看到小鸟死了，我的心都碎了。"李正旭说要立牌子还需要在画后面粘个小棍，于是他自己在教室里寻找起了小棍。他找到了一根小树枝，过来找老师要胶带。可是班里的胶带用完了，他想了想，让汤子阳从美工区拿胶棒过来，又剪了一小块纸，用胶棒把小棍粘在两张纸的中间，终于，他的"小鸟死亡"的牌子做好了。

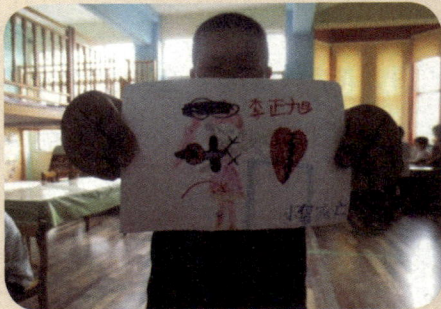

之后，李正旭、汤子阳、寇伟浩和魏牧磊四个小朋友来到自然角，汤子阳小心翼翼地托着小鸟，他们合作把小鸟埋在了一个花盆里，并在花盆上立上了牌子，期待它化作养料，让植物长得更好。

（新泰市实验幼儿园　王慧）

｜ 案例分析 ｜

这是一个发生在幼儿园户外游戏时的案例，有一个孩子发现墙角有"一只死去的小鸟"，引发了全班幼儿的好奇心与探究欲。鸟是人类的朋友，幼儿园的孩子对小动物更是有一种天然的亲密，小鸟死了就像是丢了自己最亲密的朋友一样令人十分伤心，有的孩子还紧紧相拥而泣。从"这是一只什么鸟""小鸟是怎么死的"到"怎么处理这只小鸟"，经历发现、讨论和埋葬等过程，在这一过程中显示出幼儿多方面的自主探究和学习能力，同时也体现出教师灵活的教育机智和适宜的教学方法。

观察分析。从发现小鸟开始，大家就在探寻"这是一只什么鸟"，有的小朋友猜是麻雀，结果被寇伟浩否定，否定的依据是"麻雀的羽毛是棕色的，它的羽毛有点儿黄"。最后求助老师在网上查询后得知"这种鸟的名字叫绣眼鸟"，那么绣眼鸟与麻雀到底有哪些不同？老师给出麻雀的图片，孩子们深入观察、比较，并得出："这两种鸟除了羽毛颜色不同外，嘴巴也不一样，绣眼鸟的嘴巴更细更尖一些。"当幼儿在现场已经不能自己解答"这是一只什么鸟"的问题，此时又有"想知道它是什么鸟"的迫切需要时，向老师求助。老师及时介入，并实事求是地表达出"我也不清楚是什么鸟"，老师真诚的态度调动了幼儿的已有经验，大家呼喊着

"上网帮我们查一下吧"。这样在兴趣最强烈的时刻，老师通过网络查询，帮助孩子们清楚地认识了绣眼鸟，还知道了它与麻雀的不同。除了新经验的获得，还学习运用了向老师求助、网上查阅资料等学习方法。这些方法，并非每一个幼儿都懂得，经过这次集体探究活动，让个体经验变成了集体经验。

科学素养。探讨小鸟死因的过程是一段非常有价值的科学探究，有的猜想"鸟窝里掉下来摔死的""雨太大，把它从鸟窝里冲出来了"；有的质疑"小鸟不是会飞吗"；有的推理"是它还太小了，不会飞""也许是雨水把它的羽毛淋湿了，它飞不起来了"；有的逻辑分析"你们看，小鸟死的地方地上有一个圆圈，这应该是滚筒留下的。当时，小鸟肯定落在了滚筒里，由于下大雨，滚筒里积了很多水，小鸟出不来，被淹死了"。他们根据现场发现的"蛛丝马迹"，大胆猜想，又有各自独立的思考，分析得有理有据，并显示出很强的科学素养。

另外，个别孩子还显示出这个年龄少有的批判性思维能力。如一个孩子说："你们快看，墙上有小鸟的血。"汤子阳却说："可是，小鸟身上没有伤呀？"在共同学习的过程中，"我的经验""你的经验"重合成为"我们的经验"，课程也因此而有了内蕴。对于"落在了滚筒里，被淹死了"的说法，有的孩子敢于发出质疑："小鸟不是会飞吗？它为什么不飞出来呢？"汤子阳回答："可能是它还太小了，不会飞。"寇伟浩说："也许是雨水把它的羽毛淋湿了，它飞不起来了。"质疑能力是孩子拥有创新精神和实践能力的前提，敢于质疑是非常难能可贵的品质，说明他们已经有了初步独立思考的能力。

关爱生命。在这次活动中，小鸟的死勾起了孩子们的怜爱和同情之心，尤其是王启航和寇伟浩抱在一起哭着说："小鸟好可怜呀！"让我们从中感受到了他们对小鸟的喜爱和同情，看到了孩子们的亲社会行为的发展。生命教育包含"生"的教育和"死"的教育，幼儿体验到面对"死"的悲伤，才能更真切地感受"生"的可贵。最后的告别仪式既给了孩子们心灵的抚慰，又体现了对逝去生命的尊重，让幼儿的情感表达有始有终，让生命教育更有分量。借助本次活动，孩子们萌发了对生命的尊重和对动物的关爱，这是难能可贵的。

动手能力。动手能力就是孩子把自己的想法用于实践的能力。李正旭在给小鸟制作"墓碑"时，表现得非常专注和认真，而且非常有创意，能用绘画清楚地表达自己的想法。后来，在给牌子粘小棍时，发现班级里的胶带用完了，他能够想到用胶棒把小棍粘在两张纸中间，可见他很聪明，很有想法，在遇到问题时能够主动想办法解决。这个事件让我们看到了幼儿的自主学习与发展。在游戏过程中，孩子们表现出的积极态度和良好行为倾向是未来他们学习与发展所必需的宝贵品质。

幼儿园游戏活动的独特价值，还在于它能够为幼儿的主动学习和经验建构提供一种具有发展适应性的游戏生态。这种特殊的游戏生态可以为幼儿个人独特经验的建构提供选择和创新的可能性和灵活性，使幼儿的认知和情感需求处于和谐统一的状态。同时，幼儿园游戏的特殊社会情境，可以是幼儿围绕游戏中发现的共同感兴趣的问题形成的游戏学习共同体。在处理完小鸟的事情之后，接下来还要继续生成更多的相关课程，创设班级区域活动，帮助幼儿认识各种各样的鸟以及探讨如何更好地保护小鸟等内容，来满足幼儿进一步探索的需求。幼儿天生被赋予了自由游戏的权利，今后我们会继续掌握好师幼主体的平衡性，尊重、放手、支持幼儿，让幼儿在自主游戏中得到更大程度的发展！

第二节 生活活动生成的课程

"生活即教育"是老一辈教育家陶行知教育思想的核心，这一主张更适合今天的幼儿园教育。因为幼儿的学习是以直接经验为基础，在游戏和日常生活中进行的。一日生活，除了满足儿童身体成长的生理需求外，还要满足他们学习与发展的需要。生活对于幼儿园的孩子来说，既是生活也是学习，是他们生命的全部。幼儿园一日生活是幼儿在幼儿园一天的全部经历，是幼儿生命充实与展现的历程。每一天，幼儿全身心地通过与周围的人、事、物等环境相互作用，发生思维碰撞、合作交流、体验创造等，在这个过程中身体得到发育、心智得以成长，完成自我更新的生命历程。因此说，把教育融入一日生活是幼儿教育的规律，是科学的幼儿教育必须遵循的原则。

幼儿在一日生活中获得经验，大多是与生活相关的，有的以生活知识的形式呈现，有的则是生活本领。生活本领既是生活需要，也是一切学习与发展的基础。幼儿有了基本的生活本领和生活知识，能够自信地、从容地生活，能够促进当下情绪愉快，还影响其生活质量、情绪情感、性格倾向。比如生活中的"穿袜子"这件事，自己会穿的，午休起床后穿好就去玩了，在享受游戏快乐的同时，又体验到自信，便于养成自立、自强、活泼、开朗、积极向上的性格。因此说，幼儿园一日生活的质量也直接影响着幼儿学习与发展的质量，教师要充分利用幼儿生活中有意义的活动，生成幼儿学习与发展需要的课程，促进幼儿全面和谐的发展。

案例一
泰山葫芦画

表演区里热闹非凡，呙呙双手拿着葫芦沙锤随着音乐在表演。大家看他那摇头晃脑的样子就知道他很陶醉、很享受。一会儿他放下沙锤去喝水，等他回来时，发现一只沙锤上被画上了许多道道，他生气地大叫起来"谁弄脏了我的沙锤"，一副非常气愤又伤心的样子。老师走来一看，安慰了他一番，他还是很生气。这时，小雨跑来说："看我给你装饰的沙锤，多漂亮。"老师顺势说："真的呢，太漂亮了。"呙呙听老师这么一说，情绪稍稍稳定。老师又说："试试看，表演起来会不会好看呢！""我给你放音乐。"小雨说。呙呙半信半疑地拿起沙锤象征性地表演，"好看，真的好看"，围观的小朋友都一起鼓掌，呙呙又投入地表演起来。

第二天，呙呙还是选择了表演区，不同的是，两只沙锤上都画上了漂亮的图案，老师故作惊讶地问："这么漂亮的沙锤，哪里买的？""不是买的，而是我自己画的。""真的吗，那就太厉害了！"说着拍了拍他的肩膀。

这个时候有一个消息传来，说幼儿园被确定为全国学前教育年会的观摩现场。幼儿园研究决定，把年会当作一次构建新课程的好机会，把本次年会的任务、规格、接待规模一一与孩子们交流，并与他们讨论："制作一种什么样的礼物送给客人呢？"起初，大家想到了"泰山石"等，但都因为不方便操作、携带而被否定掉了。正在把玩葫芦沙锤的呙呙说："不如就用葫芦吧。"其他孩子也都说好。选葫芦，到底行不行呢？孩子们回家开始与家长商讨。孩子们从家长那里带回来的信息多数是赞成的，因为葫芦蕴含着中华文化，谐音"福禄"，在中国传统文化中代表"吉祥"，造型玲珑、线条流畅，无论是静观还是拿在手里把玩都很好。结合幼儿园近年来开发实施的"泰山文化进幼儿园"的园本课程，以"泰山"为主题的泰山葫芦画制作就这样确定下来了。大家一致决定给前来观摩的客人制作一个带有泰山特色的小纪念品。

事实证明，前来参观的专家和代表们拿到孩子们的作品时个个爱不释手。回望"泰山葫芦画"的诞生过程，可见这小举措里蕴含了大理念。

寻找葫芦。为找到自己心中最喜欢的葫芦，孩子和家长一起穿梭于家里、葫芦架下、商场里、市场里进行对比挑选，大小、颜色、造型的选择完全由幼儿和家长商定。在这个过程中，孩子们了解到葫芦的结构、生长特点和品种的多种多样。收集完葫芦，画什么呢？"全国各地的参观者来到泰安，我们的礼物一定要与泰安有关。"这个建议得到了大家的一致认同，至于具体画什么，孩子们各有各的想法和选择。有的画幼儿园生活、学习活动；有的画自己认为的泰安最好玩的地方；有的画自己与家人、朋友在泰山一起游玩的情景；有的画自己小区里的趣事；也有的画泰山的风景名胜。无论画什么，画面都是孩子们自己的亲身经历，是已有的生活经验。

画葫芦。葫芦这种特殊的作画材料，孩子们是第一次接触。在葫芦上作画，用什么笔、什么颜料画，孩子们开始了自己的探索、尝试。在尝试的过程中，孩子们发现：以前的画纸都是平面的、铺在桌子上是不动的，这次的葫芦是立体的、随时活动的；平面画纸的面积一目了然，比较好构图、布局，葫芦能够作画的面积是不好掌控的；画纸的吸水性好，葫芦的表面光滑、几乎不怎么吸水，这一切对孩子们来说都是一次创新与挑战。他们遇到的问题，促成了一次次的园本课程研究。同时，孩子和家长、老师和家长、老师之间也不断进行着反反复复的研讨交流。在创作中，孩子们不断地思考、尝试、调整、修改。有的孩子一只手稳定住葫芦，一只手作画；有的孩子歪着头扭着身体十分地专注……从他们投入的状态中师长们可以感觉到，孩子们的内心仿佛有许许多多的情感需要表达。

"泰山葫芦画"画好了，孩子们没有忘记写上自己的名字，还让家长帮忙在葫芦上写上自己幼儿园的名字和电话。一个"泰山葫芦画"，摇身一变成了幼儿园的立体名片。在探索和构建"泰山葫芦画"园本课程中，孩子们从多方面获得的发展是显而易见的。

| 案例分析 |

本案例来源于幼儿园一次重大的接待活动。这对幼儿园来说是一件大事，对在园幼儿来讲也是可遇不可求的机会。我们常说"以幼儿为本"，幼儿是幼儿园的主人，幼儿园承接这么大型的活动，怎么能让"主人"缺席呢？于是一个大胆的想法决定下来：让幼儿积极参与到这次迎接活动当中，亲历全过程。

从商议"制作一种什么样的礼物送给客人"的问题开始，老师们就让幼儿自己做主。经过反复讨论与分析，表演区的"葫芦沙锤"给了孩子们灵感。泰山葫芦虽然在当地种植很多，但要选择外形、大小都心仪的葫芦并不容易，孩子拉着家长煞费周折地从种植园找到商场、从商场找到玩具店、收藏店。家长陪孩子找葫芦的过程中，还有个意外收获，那就是了解到"黄釉青花葫芦"的故事。"黄釉青花葫芦"是泰山岱庙的镇庙三宝之一，历史上曾经失而复得，这让孩子们制作的泰山葫芦画更有文化传承的意义。

面对葫芦这一立体作画材料绘画，既是创新也是挑战，孩子们反复尝试，终获成功，体验到成功的快乐。特别是在观摩当天，孩子们亲手把自己制作的"泰山葫芦画"当作伴手礼送到客人手中，受到客人老师感谢的时候，开心极了，为自己能代表幼儿园接待客人而感到十分自豪。

案例二
腌腊八蒜

　　腊八节快到了，班里有孩子说家里腌了腊八蒜，"我家也腌了腊八蒜"……就这样，"腌腊八蒜"的活动酝酿成了，孩子们从家里带来了蒜头和腌制工具。

　　面对满桌子的大蒜，晓宇忽然说："老师，我的蒜是红色的。""我的蒜大，路路的蒜小。""真的吗？蒜，还不一样？"老师表示惊讶。"真的不一样！"于是，大家拿起自己的蒜，开始讨论起来。

　　"有的皮是白色的，有的皮像洋葱一样是紫色的。"

　　"大蒜头是圆形的，有的大有的小。"

　　"不是圆圆的，上面有个尖。"

　　"乒乓球才是圆圆的，蒜摸上去是不平的。"

　　"里面像橘子一样一瓣一瓣的，我见过的。"

　　"这一个就只有一瓣。"

　　"我的有很多瓣。"

　　说话之间，大蒜的衣服被扯破了。

　　"兄弟七八个，围着柱子坐，大家一分手，衣服就撕破。"不知是谁念起来这个谜语，顷刻间，全班发出一个声音："兄弟七八个，围着柱子坐，大家一分手，衣服就撕破。"哈哈哈，我的蒜头的衣服破了。""我的也破了。"

分开来的蒜瓣是什么样子的呢？也是圆的吗？

"尖尖的、圆圆的、扁扁的，尖尖的一头像月亮。"

"外面的大，里面的小。"

"有的上面有一个小绿芽。"

"大蒜的气味太难闻了。"

"我吃过，大蒜是辣的。"（边说边吐舌头）

蒜瓣不是圆形的，那么蒜头为什么是圆的呢？

面对老师的问题，有的孩子望着老师，有的左右看看同伴，似乎在寻找答案。只有宇鹏一个人在摆弄着手中的一堆蒜瓣，仔细一看他是在尝试把蒜瓣变回蒜头。

"老师，我知道了，蒜瓣是三角形的，把圆圆的一面朝外围起来，就变成圆圆的蒜头了。""我试试。""我也试试。""老师，蒜瓣粘不住。""原来为什么能粘住呢？""原来是长在一起的。""扯破衣服分开以后为什么就不行了呢？难道就没有办法了吗？"有的说用胶水粘住，有的说用胶带、绳子捆住……大家开始想各种办法把蒜瓣复原。

老师："怎样知道一头大蒜有多少瓣儿呢？"

王建硕："我数的是 10 瓣儿。"

张伊一："我数的是 11 瓣儿。"

杨思琦："我数的是 9 瓣儿。"

杨思琦："要一个挨着一个数。"

张伊一："也可以转着圈儿数。"

王建硕："要摁住一个，就不会数多了；数完外面的再数里面的。"

老师："从一个开始转着圈儿一个一个地数，这个方法可以用来数什么？"

张伊一："可以数橘子瓣、柚子瓣。"

杨思琦："数花瓣儿和蛋糕上的草莓。"

王建硕："围成圈做游戏的小朋友。"

老师："为什么吃大蒜。"

刘文静："我爷爷奶奶吃饺子时，爱吃蒜。我不敢吃，太辣了。"

马硕："我妈妈做菜时，要放大蒜，大蒜熟了就不辣了。"

老师："大蒜又辣气味儿又难闻，人们为什么还要吃大蒜呢？"

张雯琦（他的妈妈开蔬菜店）："我知道，吃了大蒜可以杀死病菌。很多人去我家买大蒜呢。"

杨思琦："我妈妈说吃大蒜还可以预防感冒。"

老师："大蒜里面含有大蒜素，人们吃了大蒜可以杀死许多病菌，生吃大蒜是预防流感和预防腹泻的有效方法。"

老师："大蒜可以怎么吃？"

杨文希："剥了皮就可以吃。"

刘文静："可以用捣蒜窝子砸碎了倒上醋吃。"

王建硕："我妈妈会做蒜蓉虾。"

杨思琦："我爷爷把蒜泡在醋里，大蒜会变成绿色的，就是腊八蒜。"

（省庄镇中心幼儿园 孙素素）

| 案例分析 |

　　本案例来源于幼儿之间的谈话，谈话内容源自孩子们对自己家庭生活细微的观察。大蒜是孩子们日常生活中常见的一种食品，一般用作调味，辛辣，一次用量不大。但是家庭中一次剥很多大蒜用来腌制这一现象，还是引发了孩子们的好奇，以至于到了幼儿园还在与同伴交流，这也引发了孩子们的共鸣，纷纷议论起来。老师敏感地捕捉到这一时刻，结合马上到来的腊八节，生成了主题系列活动，认识腊八节、腌制腊八蒜，以满足幼儿对腌制腊八蒜的好奇，进一步引导幼儿了解当地习俗和季节气候特点等，促进幼儿动手能力的发展。

　　老师没有急于引导孩子们按程序去腌制大蒜，而是抓住幼儿与大蒜近距离接触的机会，穿针引线，仅用了几句话就引发了幼儿对大蒜的认识，生成"认识大蒜"的课程。经过同组小朋友对比观察，孩子们发现大蒜皮的颜色各不相同，有红色、白色、紫色的；大蒜的形状是圆圆的，上面还有个尖，蒜瓣是三角形的，有一个面是圆圆的。小朋友展开想象，说出蒜瓣像橘子瓣，也像月亮，上面还有小绿芽。整个过程，老师没说几句话，全是孩子们之间的日常交流，互问互答，经验分享。特别是一个孩子念出谜语，其他孩子们自觉地并且是饶有兴趣地一起念起来，加深了对谜面的理解。当以后再见到大蒜时，很多孩子一定会"触景生情"地念出来。由生活情境引发了学习，重温了儿歌，发展了口语表达能力。

　　游戏互动中，既有通过对大蒜的操弄"扯皮""数瓣""观形""复原"等直接经验的获得，也有同伴之间对"数蒜瓣的方法""大蒜的吃法""大蒜与人们生活健康的关系"等间接经验的学习。更有经验的迁移，"转着圈儿一个一个地数，这个方法可以用来数什么？"孩子们马上联想到"橘子瓣、柚子瓣""围成圈做游戏的小朋友""蛋糕上的草莓"等，相信再遇到类似围圈数数的问题，孩子们都能有办法解决。看似简单的日常交流，彰显了教师的教育智慧，寓教育于生活之中。

特别值得一提的是把蒜瓣复原，这是一个小朋友的突发奇想与尝试，他摆弄着手中的一堆蒜瓣尝试变回蒜头。这一举动激发了大家都来开动脑筋："蒜瓣是三角形的，把圆圆的一面朝外围起来，就变成圆圆的蒜头了。"大家都积极行动起来，喊着"我试试""我也试试"。"老师，蒜瓣粘不住""原来为什么能粘住呢""原来是长在一起的""扯破衣服分开以后为什么就不行了呢？难道就没有办法了吗"，有的说用胶水粘住，有的说用胶带、绳子捆住……大家开始想各种办法把蒜瓣复原。"把蒜瓣复原"在日常生活中是没有意义的，此时此刻孩子们有兴趣，愿意研究，对孩子们来说是有价值的，老师就放手让孩子们去尝试、去探究。孩子产生这一想法，是逆向思维萌芽的重要标志。支持孩子的想法，是在保护并促进逆向思维的发展，也是在培养幼儿的创造性思维，从这个角度讲意义重大。

案例三
叠被子

天冷以后，小朋友们都换上了厚被子。午休起床，等最后一个孩子走出休息室，老师回头发现休息室里乱糟糟的，小被子横七竖八地躺在床上，有的耷拉在床边，有的已经掉到地上，有的裹成一团，还有的把衣服裹在里面。

老师没有急于让孩子回来叠被子，而是对着乱糟糟的休息室拍了几张照片，随后放给大家看。孩子们看到这一团糟的场面，先是哈哈一笑，不以为意；再继续看下去，有的孩子开始吐舌头，说："太乱了！""好乱啊！"

是谁弄得这么乱呢？孩子们欲言又止，老师又继续把午休起床时段的录像放出来。大家一起大声喊出来，"是张晨""还有庆庆"。随着视频进一步播放，声音渐渐地弱下来，因为每个人都从镜头中看到了自己的举动。

通过激烈的讨论，孩子们根据自己的生活经验想到：起床以后要先把被子叠起来，再放到床头，而且大家都要放在同一边。那么应该由谁来叠被子呢？"我自己叠"，一个孩子起身走向午休室，大家也赶紧跑了过去，操练起来。

第二天午休起床后，老师默不作声地环视着起床穿衣的孩子们，果不其然，穿好衣服直接就走的仍大有人在，只有得到过表扬的依依跪在床上叠被子。"依依，你忙什么呢？"依依头也不抬地说："我叠被子呢。"这时，准备离开的孩子也意识到了，立马开始回到自己的床上尝试叠被子。一开始，很多孩子叠得歪歪扭扭，和卷起来没什么两样，有的直接一卷走人，有的就是翻来覆去叠半天还是叠不整齐，一会儿就失去耐心："老师，我不会叠。""老师，我叠不好！"……

谁会呢？平时你看到的整整齐齐的被子，是谁叠的呢？"是孙老师叠的。""咱们请教一下孙老师，问问她是怎么叠出来的吧。"有几个孩子跑过去拉着孙老师："孙老师，你来教教我们叠被子吧？"

孙老师来到床前说，"叠被子很简单，就像变戏法"，然后三两下叠完了。"啊——"孩子们都瞪大眼睛，也没有看明白。于是，孙老师一边示

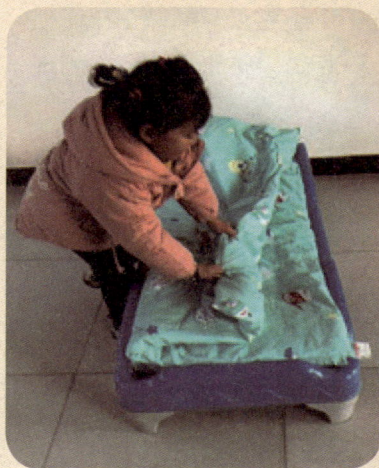

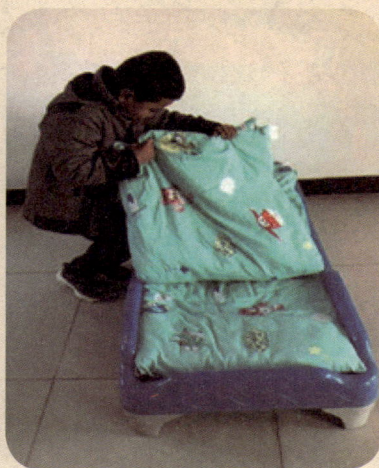

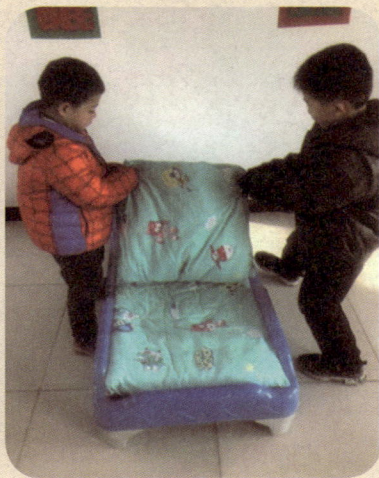

范，一边说着要领。

　　孩子们个个跃跃欲试，有一个人叠的，有两个人一起合作的，被子叠完了，儿歌背熟了。当看到自己整理好的被褥之后，孩子们非常开心。

　　第三天午休时，孩子们起床之后便一个个开始整理起自己的床铺了，有的孩子自己能够独立完成，有的孩子两人互相帮助，在大家快乐的儿歌声中，在一双双灵巧小手里，小被子一个个整整齐齐地躺在小床上。"哇，今天的小被子怎么坐得这么整齐啊！"老师一声由衷的赞叹，引得小朋友哈哈大笑："老师，不是小被子坐得整齐，是小朋友们叠得整齐。"

"我喜欢。"说着老师拿出手机赶紧拍照。这时只见俊逸举起两手虎口相对，比划着在学老师拍照。"俊逸也拍照呢？"一句话，小朋友纷纷举起自己的"相机"，"咔嚓咔嚓"地拍起来。

来到活动室，"你们的'照片'呢？拿出来看看呀"。"老师，我们的拿不出来！""真的拿不出来吗，相信你们一定有办法拿出来。""我有办法了。"还是俊逸反应快，说话间，他到了绘画区……

活动延伸：幼儿把自己叠被子的"照片"带回家，讲给家长听，并坚持在家自己叠被子，请家长监督，并及时与教师交流。

（徂汶景区徂徕镇中心幼儿园　于义莲）

| 案例分析 |

这是一个来自乡镇中心幼儿园的案例。小班时，多数家长不愿意让孩子在幼儿园用餐和午休，所以升入中班以后，这些孩子尚未有整理床铺的习惯。其实，中班的孩子随着年龄增长，手上精细动作的协调性也发展得很快，如使用剪刀比较准确地沿边缘剪图形，比较熟练地使用筷子夹菜。对于叠被子这样的"粗活"应该是手到擒来、不在话下。但由于上小班时不在园里住宿，家里更是没有机会叠被子，甚至家长没有这种意识，白白让孩子失去了大把的学习时间。好在，幼儿园老师发现了这个问题，采取了"引导观察""启发讨论""生活实践""拍照留念"等方法，再通过"回头看""拍照片""画照片""讲照片""再实践"等一些环节，让孩子直接感知、实际操作和亲身体验，学会了叠被子的方法，也让孩子们体验自己的劳动过程，欣赏感受自己的劳动成果，强化认知，巩固实践经验。这样的学习，孩子们将是记忆深刻、永久不忘的。另外，孩子们在自由、宽松的语言交往环境中，能够完整地表述自己叠被子、放被子的过程。

案例四
念念摔倒以后

一天早晨雪过天晴，久违的太阳公公露出了笑脸，操场上竟然没有留下什么痕迹。早练时孩子们似乎忘记了下雪的事情，依然来到操场上跑步。突然"哎呀"一声，棒棒大声喊："念念摔倒了！"只见念念正坐在地上龇牙咧嘴地揉屁股，嘴里嘟囔着"谁推的我"。子玉赶忙跑过去拉他，可是子玉不但没有拉起念念，自己反而也一起摔倒了，重重地压在了念念身上。俩人你看看我，我看看你，子玉拍拍手说："谁推倒的你？"念念揉着屁股说："好像不是推的。"说着他俩准备再次爬起来，可是脚下一滑，他俩又摔倒了。这一次他俩明白了，没有人推，是滑倒的！可是为什么那么滑？他俩顾不上屁股痛，赶紧用手摸一摸那一块发亮、透明的地方。他俩一摸，同时惊喜地瞪大眼睛喊道："哇，是冰，是冰！这里有冰！"孩子们一听立马都被吸引了过去。

地上的冰只有盘子那么大，可是并没有让孩子们失望，他们不停地挤来挤去。"让我滑一下，让我滑一下。""你都滑了，我还没滑。"其他班的小朋友也被这"吵嚷"吸引过来了，小侯说："这是我们班发现的！"孩子们谁也不让谁，就像一只只小企鹅挤来挤去。有的一上去就滑倒了，有的是故意摔倒的，还有的是被挤倒的，但是他们的脸上都洋溢着开心的笑容，一个个开怀大笑。这时一直没有挤进去的翔翔说："看，那里也有冰！"大家呼啦一下都围过去，"快来看呐，这里也有"。不知不觉中孩子们四散开来，偌大的操场上瞬间洒满了孩子们的身影，他们东奔西跑地开启了"寻冰之旅"。

子玉："快来，这里我摸了，是冰，它很滑。"

诗然："这里的冰好抠，因为已经有道缝了。"

浩浩："我去摸摸这里看看是不是冰。"

孩子们不断地通过摸一摸、抠一抠，观察、判断自己发现的是不是冰。很快，孩子们都找到了属于自己的冰。

平时少言寡语的浩浩不喜欢凑热闹，他自己到处寻找冰，在每个有阴影的地方都去摸一摸、看一看，终于他从跑道上发现了一大片冰，冰太薄了，几乎贴在地面上，很难取下来。怎么才能取到冰呢？

孩子们不断地用各种办法把冰取下来，左左一直在用脚使劲跺，但是子玉说："左左你别跺了，越跺越下不来。"左左说："我还不信了，我就不信我抠不下来！"左左用力跺了几脚，发现冰并没有变化，就开始用手指去抠。

由于场地上没有任何工具，孩子们只能利用身体不断尝试各种取冰的方法。

小侯："我用脚使劲跺那块冰，你看这是我跺下来的一小块冰。"

瀚程："这是我从地上用力抠下来的一点儿冰。"

诗然："我的大吧，我发现冰上有道缝，我就顺着缝轻轻抠，可是冰太薄了，我只能使劲抠，它和地面离得太近了。"

欣然："我在边上捡了一点点冰，因为人太多了，我挤不进去。"

梓萌："我先用脚把冰跺裂，然后顺着缝再抠，我的冰很大。"

大瑞："我用手把冰的一个地方捂融化了，然后顺着边再抠。"

经过孩子们的不懈努力，他们觉得冰太凉了就用脚跺，跺出裂缝再用手抠，抠不动的时候再用手捂，这些冰被他们全部"拿下"了！

老师："为什么操场那么大，只有这几个地方有冰呢？"

小侯："其他的雪都融化了，只有那里的没有融化。"

均瑶："那里很阴凉，太阳照不到，所以水就变成了冰。"

聪聪："因为那里有坑，可以存水，所以有冰。"

欣然："那里比其他地方冷。"

凯凯："那里水多，所以就会变成冰。"

睿睿："结冰的地方有点冷，融化的地方有点热，咱们回来的时候，我发现那里的冰也融化了。"

洋洋："那是因为太阳把冰给晒化了。"

子玉："冰应该是在凉的地方生存，如果是热的地方，有可能会化的。"

梓萌："我的一大块冰，照到太阳以后一下子就化了，我都不知道怎么回事（还没反应过来就化了）。"

凯凯："我们教室旁边那个胡同里可能会有冰，因为那里总是晒不到太阳。"

小侯："可是得有水才行啊，要不也结不了冰啊。一会儿咱们一起去看看吧。"

（泰安市实验学校幼儿园　刘瑶）

| 案例分析 |

本案例记录的是一日生活中早操时的一个意外——念念摔倒了。好像没人推，怎么倒的？紧接着子玉不但没拉起念念，自己反而也摔倒了。两个人两次意外摔倒，激发起了他们强烈的好奇心和探究欲，想探究一下滑倒的原因，地上到底有什么？兴趣不仅是最好的老师，还是最大的动力，所以"顾不上屁股痛"，就赶紧"摸一摸那一块发亮、透明的地方"。为什么要摸"发亮、透明的地方"？已有经验告诉他们，以前操场上没有这"发亮、透明"的东西就没有滑倒过，今天这里多了"发亮、透明"的东西，大概滑倒的原因就是"它"了。

"哇，是冰，是冰！这里有冰！"这一发现令他们欣喜若狂，大声惊呼，一下招来了所有小朋友。个人的好奇心点燃了全体小朋友，变成集体的好奇。大家"挤来挤去"，每个人都想上去踩一踩、滑一滑，都想感受冰的顺滑。"我的大吧，我发现冰上有道缝，我就顺着缝轻轻抠，可是冰太薄了，我只能使劲抠，它和地面离得太近了。""我用手把冰的一个地方捂融化了，然后顺着边再抠。"没踩到冰的故意滑倒一下，也要体验摔屁股的感觉。没有挤进去的，东奔西跑于操场的角角落落，另辟蹊径开始寻冰之旅。"我在边上捡了一点点冰，因为人太多了，我挤不进去。""我先用脚把冰踩裂，然后顺着缝再抠，我的冰很大。""我的一大块冰，照到太阳以后一下子就化了，我都不知道怎么回事（还没反应过来就化了）。"

孩子们各显神通，通过摸一摸、踩一踩、滑一滑、抠一抠、捡一捡，以各种方法寻冰、取冰。"很冷的地方""有水"，这是冰形成的条件；"很滑""太薄了""离地面太近""踩裂""用手捂化""照到太阳以后一下子就化了"，这是冰的特点。孩子们用这个年龄特有的方式对冰的特点进行探索，丰富着自己关于冰的相关经验，构建对冰的初步认知。

案例五
冰

一、第一次活动

1. 活动目标

（1）萌发对事物的好奇心，乐于大胆探究和实验。

（2）在探究的过程中发展合作能力、用符号记录的能力，尝试用多种方法解决问题。

（3）知道冰的特征，了解冰的形成及融化过程。

2. 活动准备

同样大小的冰块三块、PPT 课件。

3. 活动过程

（1）冰是什么样的——了解冰的特点。

老师："刚才你取到冰以后手里有什么感觉？"

大白："冰太凉了，冻得我的手都发红了。"

沐熙："我的手都被冰冻得麻木了，捏不住东西了。"

泽泽："冰滑滑的，从我手里都滑到地上了，不好拿。"

明月："冰薄薄的，像玻璃一样透明。"

瑾轩："我用舌头舔了舔，冰没有味道，就是凉凉的。"

老师："今天小朋友们找到的冰是无色无味的，是透明的，摸上去滑滑的、冰凉冰凉的。"

（2）冰是怎样来的——探究冰的形成。

老师："好端端的操场哪来的冰呢？"

熙熙："昨天下雪了，所以那几个地方雪融化变成水了，结果就变成冰了。"

骏喆："也可能是踢球的小朋友把水洒了，变成冰了。"

治业："那里的雪融化成水，水还没来得及蒸发就被冻成冰了。"

棒棒："冰是雪变的。"

念念："冰是雪落下来时遇到了冷空气。"

子心："水冷了以后就变成了冰。"

晨晨："冰遇热变成水，水蒸发了会升到天上变成云，云又变成乌云，乌云变成雪落下来，雪融化了变成水，水又变成冰。"

老师："洒在操场上的水、雪融化成的水、冷了以后的水到底是怎样变成冰的呢？需要什么条件呢？刚才子心说'水冷了以后就变成了冰'，那么要多冷呢？"

晨晨："我记得《小水滴旅行记》里说过，好像是到了零度以下，水就结成冰了。"

子心："是的，动画片里也是这样说的。"

治业："我做过实验，把水盛在杯子里，放进冰箱冷冻，第二天拿出来就变成冰了，可是我不知道冷冻箱是几度。"

老师："小朋友说得都有道理，水变成冰到底需要什么条件呢？咱们一起来看下科学家是怎么说的吧。"

（播放 PPT：了解冰的形成。）

老师："看完以后，想一想科学家说的，哪些是你已经知道的，哪些是原来不知道或者说不准的呢？现在如果讲给别人听，该怎么说呢？能说准吗？"

原来是这样的，水在低温下（一般在零度以下）就会凝结成冰，这个"零度以下"就是水变成冰的必要条件。冰是不能流动的，我们叫它水的固体形态。水变成冰就有了很多不同的形状，雪花、窗花也是固态的水，是六角形的。小河里的冰是平平的，圆形杯子里的冰是圆形的，方形盒子里的冰是方形的……

（3）冰怎么不见了——认识冰的融化。

老师："晨晨说'冰遇热变成水，水蒸发了会升到天上变成云，云又变成乌云，乌云变成雪落下来，雪融化了变成水'，是怎么变的呢？猜想一下，这里有温水、热水和凉水，你们觉得哪种水能够很快地把冰融化？"

睿睿："温水有可能。"

子玉："肯定是热水，因为冰遇热会融化，热水又是比温水和凉水还热的水。"

梓萌："肯定不是凉水，因为只有热水能使冰快速融化，温水不如热水快。"

小组验证。三个小朋友同时把三块形状大小相同的冰块分别放进温水、热水和凉水里，静观其变，大家一起记录时间。冰慢慢变小的过程叫作融化。

交流结果。小朋友各自记录实验过程，特别是热水、温水和凉水融化冰所用的时间（如有需要，可以向老师或同伴求助），一边记录一边交流着自己的验证发现。

二、第二次活动

（1）还在哪里见过冰——了解冰与生活的关系。

玥伊："我和妈妈上山打水的时候见过河里有冰。"

轩轩："我家放在窗户外面的菜上有冰。"

左左："我家买海鲜的箱子里有冰。"

老师："海鲜箱子里的冰有什么用呢？"

子心："它可以把肉冻住，防止肉坏掉，保证食物新鲜。"

棒棒："冰加在可乐里冰冰凉凉很好喝。"

秋雨："我有一次摔到头了，妈妈给我用冰敷头，一会儿就不疼了。"

千惠："我妈妈的眼睛肿了，她用冰块敷眼睛，可以消肿。"

梓尧："我去过东北，那里的冰可以做成漂亮的宫殿，还有滑梯，还有各种漂亮的灯。"

邹邹："路上结冰就很滑，如果老人摔倒就麻烦了。"

明月："结了冰的路上容易撞车。"

一轩："早上起来，汽车车门和窗户会结冰，就打不开了。"

小侯："有些水果如果结冰，就会冻坏的。"

怡然："有些花结了冰就冻死了。"

林林："结了冰，河里的鱼就冻死了。"

（2）对于冰给人们生活带来的不便，有什么办法消除吗？

子睿："路面结冰，可以撒一些沙土让路面不那么滑了。"

明朗："把工业用盐撒到有冰雪的路上，冰融化得就快了。"

晓月："我去岱庙的时候看到工作人员会给鱼池罩上厚厚的塑料大棚，防止水结冰鱼儿被冻死；工作人员也会把花和盆景搬到温室里面，不让它们被冻坏。"

（3）如果需要冰的时候，没有冰怎么办？

晨晨："如果是很冷的冬天，我们用一个杯子盛满水，放在窗户外面，晚上就可以结冰了。如果是夏天，我们可以用那种带格子的盒子装上可以喝的水，然后放到冰箱里冷冻，晚上爸爸喝啤酒的时候可以放进啤酒杯里。"

念念："我们还可以把里面放上彩色的东西再加上水，放在冰箱里也可以。"

明朗："我做过冻冰花，就是在透明杯子里放上彩色纸，加上水，放在屋外面冻一晚上，但是必须要很冷。"

（4）调查成果展示。

小朋友将自己的调查成果记录贴在展示板上，供大家慢慢交流。

（5）欣赏冰雕艺术。

小贴士：在我国的哈尔滨，冬天室外温度会达到零下40度左右。那边每年到了冬天都会举行冰雕展，艺术大师用冰雕刻成各种各样的造型，非常的壮观。

三、延伸探究

问题一：这么大型的冰雕，是怎样做成的呢？

问题二：结冰以后，鱼真的能冻死吗？

（泰安市实验学校幼儿园　刘瑶）

| 案例分析 |

这是在晨练时因为两个小朋友滑倒，引发生成的两个集体教育活动。兴趣是最好的老师，当念念被滑倒、子玉也被滑倒时，地上到底有什么的疑问激起了大班幼儿的好奇心和探究欲望。"5—6岁的幼儿对自己感兴趣的问题总是刨根问底"，所以他们会调动全身的力量用各种方式去探寻问题的答案，当发现"是冰，是冰"，激动地大喊，为自己探究中的发现感到兴奋和满足。

大班幼儿已经有了持续探究的兴趣与能力，他们不满足于仅仅是发现了冰。冰是怎么来的？生活中的冰有什么用处？有什么坏处？一系列的问题等着解决，老师及时生成了两个集体教育活动。

第一次的教育活动，通过经验汇聚、思维碰撞和科学验证，孩子们了解到冰有哪些特点，冰是怎样形成的。全身心参与探究，摸到的冰是"滑滑的"，看到的冰是"透明的"，尝到的冰是"没有味道的"。亲身体验以后，孩子们知道"冰太凉了"，能让手"发红""麻木""捏不住东西"。知道了冰的形成，要有"水或者雪"，温度要很冷，到底冷到什么程度，有的说是零度，有的说说不准。老师用小视频验证了孩子们的猜想，并给予了科学的数据，丰富了幼儿的认知经验。

冰的融化是很常见的自然现象，大班幼儿可以自己操作实验过程，老师放手让幼儿自己做实验，并鼓励幼儿用绘画记录观察和探究的过程与结果。记录过程中幼儿进一步理解消化实验过程，梳理形成冰融化的认知，自己悟到：冰融化的时候温度越高，融化的速度越快。通过记录帮助幼儿丰富观察经验、建立事物之间的联系和分享发现。

第二次教育活动，先通过小组自由交流，讨论冰给人们生活带来的方便与不便，引发大家的深度思考，然后多方回忆生活中与冰有关的事情，分析判断冰在人们生活中的"好处与坏处"。"冰加在可乐里冰冰凉凉很好喝""用冰敷头，一会儿就不疼了""用冰块敷眼睛，可以消肿"，这些都是幼儿生活中的切身体会。把这些印象深刻的生活现象和冰的作用再次链接，促使幼儿把原有的经验重新组合，构建起新的经验。另外，路上结冰"老人摔倒""容易撞车""冻坏水果"等现象在课堂上再度提起，也会引发幼儿进一步思考：该如何防范这些"坏事"的发生。有幼儿分享路面结冰"可以撒一些沙土让路面不那么滑了""把工业用盐撒到有冰雪的路上，冰融化得就快了"。天气寒冷"给鱼池罩上厚厚的塑料大棚""花和盆景搬到温室里面"，也是保护动植物不被冻坏的好办法。

老师趁热打铁，生成了这两次集体活动，让孩子们充分了解冰的特性、冰的形成及冰给我们生活带来的方便及麻烦；通过尝试简单的推理和分析，让孩子们发现事物之间明显的关联，让他们关注和了解自然，懂得热爱、尊重、保护自然，最后用图画或符号记录下他们感兴趣的瞬间。著名教育学家陶行知提出"生活即教育"，教育和生活是同一过程，教育含于生活中，教育必须和生活结合才能发生作用。

案例六
毛豆生长记

秋天来了，几块绿意盎然的小菜地也渐渐有了枯黄的颜色，中班小朋友喜欢在菜地间的小道上"捡树叶""走迷宫""做游戏"，经常在里面跑来跑去。

一天，正"躲"在小道上的李梓若大声喊起来："快来看呐，小豆子变黄了！""我看看。""我也看看。"

梓若发现这一变化后很兴奋地来找刘老师询问："这是怎么回事？""是

啊，怎么会变成黄色的呢？"老师像是在自言自语。她的问题引来了大家的好奇："是太阳晒的吗？""是不是毛豆生病了？""是谁画的吗？""不是画的，画上的颜色会被雨淋掉的。""我抹一下，抹不掉。""老师，毛豆到底是怎么变黄的？"刘老师敏锐地感觉到，孩子们的兴趣来了。"毛豆都变黄了吗？"孩子们弯下腰，低着头，撩开叶子一个一个地看。"还有绿色毛豆。""还有黄一点点的。"……

调研活动一：毛豆为什么变黄了

宫玉婷："咦，叶子上为什么会有洞洞？"

老师："洞洞是哪里来的呢？"老师的问题再次激发了幼儿的探索兴趣。

熙熙："虫子咬的吧。"

茉茉："下雨砸的吗？"

康康："我知道，是刮大风的时候挂起来的砂子砸的。"

……

梓若："快来看，我抓到一只蚂蚱。"

毕浩智："叶子上的洞洞原来是小蝗虫咬的吧？"

熙熙："我见过的蚂蚱不是这个颜色，而是绿色的。"

梓若："我抓的这只蚂蚱就是这个颜色，不是绿色的。"

毕浩智："这里有一种土色的虫子，这是不是一种保护色？"

老师："绿色的和棕色的虫子是一种动物吗？还是变色了呢？"

孩子们："不知道。"

老师："叶子上的洞洞真的是蝗虫咬的吗？要不要再找找看？"

"呀！这是什么？"小朋友的小脑袋都探了过来。哇！原来是一只蚯蚓！

李梓若："为什么这么长啊？"

宫林萧："蚯蚓可以做鱼食。"

熙熙："别动它，让它走吧。"

唐若卿："再见小蚯蚓。"

调研活动二：叶子上的小洞洞怎么来的

又过了几天，毛豆丰收了，孩子们非常开心，于是找来盆和筐，大家七手八脚开始摘毛豆。一边摘，一边商量着怎样制作会让毛豆更好吃……

这么多毛豆长得一样吗？大家把毛豆带回教室，从盆里挑出来，排成一排，议论着："它们的颜色不一样，有的是黄色的，有的是绿色的。"

"有的胖胖的，里面的豆豆长得大。"

"形状不一样，这个弯弯的，这个有点儿直。"

一起品尝，小豆子真好吃，香香的、面面的……

经验拓展：我们生活中有哪些豆制品？

（东平县新湖镇中心幼儿园　丁伟宁）

| 案例分析 |

本案例来自一所乡镇中心幼儿园，孩子们都是附近村里的，部分家中有农田，家长有丰富的种植经验。这次活动源于一个孩子的偶然发现。幼儿园南部是一片种植区，小朋友都喜欢去找寻宝贝，也真的常常有许多发现。种植区内的植物种类丰富，它们的形状、颜色、数量、重量、大小随着时间的推移发生着变化。秋天来了，几块绿意盎然的小菜地也渐渐有了枯黄的色彩，这也是今年的最新发现。幼儿园的孩子对于自然界的变化十分敏感，一个变黄的小毛豆引发了一系列的探究。

探究过程中，活动场地多是在毛豆生长的种植区，现场观察，现场研究。大自然就是活教材，色彩丰富，变化多样，这都是幼儿感兴趣的事。幼儿通过实地观察、回家向家长了解，毛豆是怎么长大的、毛豆怎么吃、吃了对人体有什么好处等，并在园里品尝自己亲手种植、养大、采摘的毛豆，增加了感性认知。老师和孩子们一起梳理出"豆子的一生"：小豆子—发芽—长叶—开花—结果等，进行了大量的记录，丰富相关认知经验。

在这个过程中，幼儿身在种植区，自由轻松，随意观察，"捕蝗虫""抓蚯蚓""谈生活"……蝗虫与蚯蚓的发现，引发了孩子们许多的疑问和讨论，在这一过程中，孩子们了解了蝗虫与蚯蚓的颜色是一种保护色，知道蝗虫是一种害虫，叶子上的洞洞是蝗虫啃食的，蚯蚓可以松土帮助植物更好地生长，还可以做鱼饵来钓鱼……分辨什么是益虫，什么是害虫，引发幼儿对动物的研究热情。虫子的出现引发了孩子们的许多疑问和探讨，而这正是他们求得知识的原始动力，这种动力让教师深深感受到生活中处处蕴藏着教育契机。教师要做个有心人，乐意深入孩子们的生活，善于倾听，及时发现，恰当地引导和启发，使他们产生强烈的自主探究欲望。

生活也是幼儿园课程的重要来源。从以上案例可以看出，无论是意外摔倒，还是日常生活中的吃喝拉撒，都可以成为幼儿园课程的内容或者切入点。由此引发的课程就像河堤决口一泻千里，沿途风景都是课程资源，如"念念摔倒以后"，由意外滑倒发现冰，到探讨冰的形成、冰的融化、冰的益处和害处；又如"毛豆生长记"，由菜地里一个发黄的毛豆引发了一系列的探究——叶片为什么发黄，叶子上的小洞洞是哪里来的，蚂蚱和蝗虫是不是同一种动物，大豆除了煮着吃还可以做成哪些好吃的食品。整个过程中，培养了幼儿对周围事物的敏感度及研究兴趣。

幼儿园课程是一个动态的活动过程。"腌腊八蒜"由生活中常见的调味品或者说是一种食物，引发了孩子们的研究兴趣。从家庭到幼儿园，从吃到腌制再到种植等，需要幼儿亲自动手操作，如日常照料、持续观察等。幼儿活动过程的研究和探索不断得到加强。

教师的课程意识是将生活中各种资源转化成课程内容的关键。教师对幼儿发展目标的掌握以及个人对生活的敏感、兴趣、留心和探究，都激发了儿童的需要和兴趣，将课程资源及相应的活动关联起来并不断系统化，就会深化儿童的学习，丰富儿童的经验，促进儿童的发展。

砥砺十年，奠基未来。为贯彻《3—6岁儿童学习与发展指南》和《纲要》精神，落实幼儿园"以游戏为基本活动"的要求，我们坚持不懈地实践探索，让我们幼儿园的教育教学有了一点点改变，孩子们在自由自在的游戏中乐享童年、健康成长。教师找到了职业幸福感，家园关系日趋向暖。

改变了教师的儿童观。从放手后的游戏中，老师们亲眼见证了儿童是积极的、主动的、有能力的学习者，经常被幼儿的游戏表现感动，手捂胸口激动地不能自已。在办公室里或者回家以后，常常一个人抱着手机嘿嘿傻笑，幸福感充盈于心。

改变了教师的教育观。孩子们在游戏中显现出来的游戏水平和智慧，让老师暗自敬佩，并深深地后悔和自责。后悔：自己学习太少，不了解儿童，不相信儿童，放手太晚了。自责：自己以前管得太死，自己好心的"教"确实严重阻碍了孩子们的学习与发展。教师在悄悄改变着自己的教育行为，开始关注儿童的兴趣和需要，学会积极地观察儿童，了解儿童，越来越懂得重视和遵循儿童的身心发展特点和学习规律。

改变了教师的课程观。从放手后的游戏实践中，老师们慢慢地悟到了"幼儿是在游戏和生活中学习和发展的"，开始理解"珍视游戏和生活的独特价值"背后的意义，学会了依据幼儿的兴趣和发展需求来安排一日活动、创设幼儿园环境。一切以儿童为出发点，创造出多种可能性，让儿童享受多样的活动过程，鼓励儿童勇敢地面对新的挑战，在一次次不断征服自己的挑战中，获得新的经验。

改变了家长的游戏观。幼儿园开展自主游戏，最难过的一关就是家长。幼儿园举办了一次次的开放日，让家长见证了游戏的魔力，刷新了对自己孩子的认知。孩子在游戏中专注地玩，渴了会自己喝水，用餐不用老师提醒了，饭量明显大了，入睡快并且安静了。这些都足以让家长相信：游戏才能带给孩子健康的体魄、阳光的性格和幸福的童年。

还给孩子一个幸福的童年。幸福是什么，孩子有自己的感受："开始自主游戏以后，我就过上了小猪佩奇的生活。我想让我爸爸不当警察了，到我们幼儿园当保安多好啊，那样我就不用回家了，想玩多久就玩多久。只要老师说今天天气好可以出去玩，我心里就像有 1899 个太阳一样，太开心了。"

后 记

多年来，"幼儿园以游戏为基本活动"的实践在推进落实中也遇到了种种阻碍，有外部的，更有老师思想上的紧张、焦虑。随着老师慢慢地放手游戏，渐渐地发现每天都会有惊喜出现，每一个惊喜都令人兴奋至极，有时激动得心跳加速、热泪不自觉地溢出来，以至于有的老师下了班常常抱着手机一个人傻笑；也有的老师变得像"祥林嫂"，见人就讲，现在的孩子真是不得了，太会玩了。孩子自己会玩了，玩得积极投入，玩得热火朝天，不用老师时时刻刻紧盯着、呵护着。老师就做好一个"旁观者"，慢慢地欣赏孩子们的一个个创意，感同身受地体验他们挑战成功的喜悦。老师最深的感受是，上班有动力了，感觉不那么累了，有快退休的老师甚至不想退了。孩子更是着了魔一样，睁开眼就想往幼儿园跑，泥里水里尽情挥洒，搭积木不断挑战自我，过家家温馨惬意，老师们一再把游戏时间延长，还是不能满足孩子们"得寸进尺"的需求。家长看到孩子的自立能力、主动性明显增强，天天快乐成长，也渐渐抛下焦虑，理解幼儿园的教育理念，更加信任老师。幼儿园不仅是孩子们的幼儿园，也是家长们的

"成长园"……

　　作为一名资深的幼教工作者，看到诸如此类的感动太多太多，就产生了与大家分享的冲动。但真正静下来想写点什么的时候，又突然感觉很茫然，以前满脑子充斥着惊喜与感动的场面，一个个活泼可爱的孩子，一名名时而满脸惊讶时而心花怒放的老师，一名名由质疑、阻碍幼儿园开展游戏到理解并参与其中的家长，顿时变得模糊起来，不知道该如何下笔，从哪儿说起。

　　一天在翻阅老师们的感言时，我看到了这样一句话："自主游戏让孩子的发展清晰可见，让自己的成长有迹可循。"看到这里，我幡然顿悟：可不是吗，在自主游戏里，卷入其中的每一个人不都是在积极快乐地成长吗？于是就有了这本的主书名——"在游戏中成长"。每一次游戏，每一个创意，每一次改变，都是一个成长的节点。所以本书采用了多个真实的案例，用"成长"这根线串起来，把孩子、老师和家长成长的节点呈现给大家，希望对大家有所启发。

　　当然，在探索"幼儿园以游戏为基本活动"的实践道路上，我们才刚刚开始，初尝喜悦，有些兴奋。其实，这里面还有很多问题，如每天在搭建积木的孩子，收获了哪些经验，这些经验是怎么获得的？在小组游戏中，有的孩子总是做首领，指挥同伴游戏，有的总是被安排做这做那，长此以往会不会形成性格缺陷，老师要不要干预？还有诸多问题需要冷静下来继续深入研究。

　　在生活和游戏中学习与发展，是幼儿学习的方式和特点，游戏支持和促进了儿童的发展，我们沿着这条道路，坚定不移，努力向前！

闫兴芬

2021 年 7 月

图书在版编目（CIP）数据

在游戏中成长：幼儿园游戏创意设计与实施／闫兴芬编著．—上海：
华东师范大学出版社，2022

　　ISBN 978-7-5760-2777-8

　　Ⅰ.①在…　Ⅱ.①闫…　Ⅲ.①游戏课－学前教育－教学参考资料
Ⅳ.① G613.7

中国版本图书馆 CIP 数据核字（2022）第 053394 号

大夏书系·全国幼儿教师培训用书

在游戏中成长
——幼儿园游戏创意设计与实施

编　著　闫兴芬
策划编辑　杨　坤
责任编辑　韩贝多
责任校对　杨　坤
装帧设计　奇文云海·设计顾问

出版发行　华东师范大学出版社
社　址　上海市中山北路 3663 号　邮编　200062
网　址　www.ecnupress.com.cn
电　话　021－60821666　行政传真　021－62572105
客服电话　021－62865537
邮购电话　021－62869887　地址　上海市中山北路 3663 号华东师范大学校内先锋路口
网　店　http：//hdsdcbs.tmall.com

印 刷 者　北京密兴印刷有限公司
开　本　700×1000　16 开
插　页　1
印　张　16.5
字　数　203 千字
版　次　2022 年 8 月第一版
印　次　2022 年 8 月第一次
印　数　6 100
书　号　ISBN 978-7-5760-2777-8
定　价　59.80 元

出 版 人　王　焰